DAS KLEINE
STERNZEICHENBUCH

Zwillinge

21. Mai – 21. Juni

SONDERAUSGABE

Text: Peter Ripota (unter Mitarbeit von Y. Kirsch, A. Huber, B. Kleefeld, W. Martin, G. Motitschka), Ursula Fassbender
Titelabbildung: Hartmut Baier
Umschlaggestaltung: Axel Ganguin

ISBN 978-3-8174-6398-5
5263982

Fast alle Menschen kennen ihr Sonnenzeichen – das, was man gewöhnlich als „Sternzeichen" bezeichnet. Und mindestens die Hälfte kennt auch ihren Aszendenten. Viele lesen die astrologischen Wochenprognosen in den Illustrierten, und die Astrologen haben Zulauf wie im Mittelalter.

Was ist dran an der Astrologie? Enthält sie uraltes Wissen, vielleicht sogar von übermenschlichen Besuchern aus dem Kosmos? Oder ist sie Scharlatanerie, Geschäft mit der Gutgläubigkeit (und Vergesslichkeit) der Menschen?
Immerhin beschäftigen sich mehr ernsthafte Gelehrte und Praktiker mit ihr, wenn auch meist heimlich: Ärzte, Heilpraktiker, Psychologen, Berater. Wendet man ihre Erkenntnisse an, kommt man zu praktischen, verwertbaren Lebenshilfen. Man muss nur wissen, worüber die Sterne wirklich Auskunft geben können und worüber nicht.

Die Sterne können Auskunft geben über:
- angeborene Talente, Begabungen und besondere Fähigkeiten,
- angeborene körperliche Schwächen,
- Zeiten, in denen es günstig ist, etwas Bestimmtes zu tun,
- Zeiten, in denen es eher ungünstig ist, gewisse Dinge in Angriff zu nehmen,
- Menschen, mit denen man sich gut versteht und solche, mit denen man eher Probleme hat.

Die Sterne können nichts darüber sagen:
- wie man gerade lebt oder sich fühlt,
- ob eine Verbindung (z.B. Ehe) glücklich ausgeht oder nicht,

- wie jemand aussieht,
- an welchen Krankheiten jemand tatsächlich leidet.

Die Astrologie ist in diesem Sinn Lebenshilfe, dass sie jemandem sagen kann, wo seine Chancen liegen – vorausgesetzt, er fördert die Talente und Anlagen, die ihm unter seinem Stern- bzw. Sonnenzeichen gegeben sind. Auch kann die Astrologie bestimmte Fehler, zu denen man „natürlicherweise" neigt, von vornherein vermeiden helfen.

Und nicht zuletzt führt die Beschäftigung mit dem eigenen Tierkreiszeichen, das Nachdenken über Aussagen, die die Astrologie hierüber macht, zur kritischen und positiven Auseinandersetzung mit sich selbst: Wie oft hat man das Gefühl, beruflich oder privat am falschen Platz zu sein! Die Astrologie kann solche Gefühle bestätigen oder widerlegen. Doch es dürfte klar sein, dass das Sternzeichen allein keine erschöpfende Auskunft geben kann. Es gibt auf dieser Welt nicht nur zwölf Menschentypen, sondern so viele einzigartige Charaktere wie Menschen. Dennoch ist die Beschäftigung mit dem Sternzeichen sinnvoll. Sie zeigt die Grundtendenzen auf, die den Weg zu einem erfüllten Leben andeuten.

Einführung

Grundlagen der Astrologie

Bei Astrologie denken wir gleich an den Einfluss der Sterne. Tatsächlich wissen wir nicht, wie Astrologie funktioniert, doch jeder kann sich selbst davon überzeugen, dass sie funktioniert. Auch haben nicht die Sterne Einfluss auf uns, sondern die Himmelskörper unseres Sonnensystems: Sonne, Mond und die Planeten.

Das Sonnenzeichen

Am stärksten wirkt die Sonne, der wir unser Dasein verdanken und ohne die keinerlei Leben möglich wäre. Während der scheinbaren jährlichen Wanderung der Sonne am Himmel hält sich dieser Stern etwa einen Monat lang in je einem Tierkreiszeichen auf. Die zwölf Tierkreiszeichen haben die gleichen Namen wie die Sternbilder der Ekliptik, doch sie sind mit ihnen nicht identisch. Während Sternbilder am Himmel fest verankert sind und aufgrund ihrer großen Entfernung keinerlei Einfluss auf den Menschen ausüben können, bilden Tierkreiszeichen – oder kurz Zeichen – eine zeitliche Einteilung des Jahres. Wer im Frühjahr geboren wird, wenn alles vom Winterschlaf erwacht und nach außen drängt, der hat einen ganz anderen Charakter als jemand, dessen Geburt in die Zeit der erlöschenden Herbstsonne fällt. Aus dieser jahreszeitlichen Einteilung ergeben sich die Eigenschaften der zwölf Zeichen.

Die zwölf Zeichen

♈ **Widder** (21. März bis 20. April: Beginn des Frühlings):
Der große Kampf des aufkeimenden Frühlings gegen den unterliegenden Winter beginnt. Es bilden sich die ersten Knospen. Unter Stürmen und Kämpfen, doch mit unerschütterlichem Optimismus wächst neues Leben.

♉ **Stier** (21. April bis 20. Mai: Mitte des Frühlings):
Die Wiesen blühen, die Frühlingsdüfte erfüllen die Luft, das Leben beginnt. Die Zeit ist gekennzeichnet durch die Farbenpracht der Blüten.

♊ **Zwillinge** (21. Mai bis 21. Juni: Unruhe des Frühlings):
Etwas Neues bereitet sich vor, die Jahreszeit neigt sich dem Ende zu. Veränderungen in der Luft bringen Unruhe und Neugier. Die Bäume bilden Bätter und Zweige, Pflanzen und Tiere treten in Kontakt miteinander.

♋ **Krebs** (22. Juni bis 22. Juli: Beginn des Sommers):
Etwas Neues baut sich auf, die heißeste Jahreszeit beginnt. Regen, Feuchtigkeit und die Fülle sommerlichen Lebens erfüllen die Erde. Plötzlich kommt es zu Gewittern, zu Unruhe, zu Entladungen. In Feuchtigkeit und Hitze bildet sich neues Leben.

♌ **Löwe** (23. Juli bis 23. August: Mitte des Sommers):
Die Natur erstrahlt in ihrem höchsten Glanz. Die Sonne hat zwar den Höhepunkt überschritten, bringt aber eine ruhige und überlegene Wärme. Alles blüht hochsommerlich, voller Wärme und Energie. Die Natur hat ihre Reife erreicht.

♍ **Jungfrau** (24. August bis 23. September: Unruhe des Sommers):
Es wird Zeit, die Ernte einzubringen. Dazu braucht man Fleiß, Sinn für Ordnung und Freude an der Arbeit. Früher arbeiteten nur Frauen und Mädchen auf den Feldern, daher wird diese Zeit vom Zeichen der Jungfrau beherrscht.

♎ **Waage** (24. September bis 23. Oktober: Beginn des Herbstes):
Die Ernte ist eingefahren und muss gerecht verteilt werden. Außerdem hat man jetzt mehr Zeit für das Schöne: für Feste und Vergnügungen, für Kunsthandwerk und Geselligkeit. Das Wetter ist immer noch schön, die Herbstfarben regen zu stimmungsvollen Bildern an.

♏ **Skorpion** (24. Oktober bis 22. November: Mitte des Herbstes):
Die trübe Jahreszeit beginnt. Nebel und gefallene Blätter künden von Tod und Verwesung. Die Menschen beginnen, sich in sich selbst zurückzuziehen und auf ein häusliches Leben einzustellen.

♐ **Schütze** (23. November bis 21. Dezember: Unruhe des Herbstes):
Das Schlimmste an herbstlich-düsterer Stimmung ist überwunden. Im Spätherbst kommt nochmals eine gewisse Leichtigkeit vor den Stürmen des Winters, ein kurzer Optimismus, der mithilft, den Winter zu überstehen.

♑ **Steinbock** (22. Dezember bis 20. Januar: Beginn des Winters):
Die Sonne hat ihren tiefsten Stand erreicht, die Erde ist trocken und die Natur karg. Nur die zähen Tiere überleben, diejenigen, die sich einen Vorrat angeschafft haben und sich ans Leben klammern.

♒ **Wassermann** (21. Januar bis 19. Februar: Mitte des Winters):
Die Luft ist glasklar, alle Aktivitäten eingeschränkt. Die Natur verharrt in kälteklirrender Gelassenheit. Tätigkeiten des Geistes werden jetzt begünstigt.

♓ **Fische** (20. Februar bis 20. März: Ende des Winters):
Die Kälte schwindet, der Schnee schmilzt, alles wartet auf das Ende des Winters und auf den stürmischen Beginn des neuen Jahres.

Der Aszendent

Neben der Sonne sind natürlich auch noch andere Faktoren wichtig. So war schon im Altertum bekannt, dass der Punkt, an dem der Ost-Horizont den Tierkreis schneidet, einen entscheidenden Einfluss auf das Leben eines Neugeborenen ausübt, ganz besonders, wenn zu dieser Zeit auch noch ein Planet aufgeht.

Dieser Punkt heißt Aszendent (von lat. „ascendere“ = aufgehen). Ihn zu berechnen ist etwas kompliziert und auch nur dann sinnvoll, wenn die Geburtszeit genau bekannt ist. Alle zwei Stunden geht ein neues Zeichen auf, und im Laufe eines Tages dreht sich die Erde auf diese Weise durch den ganzen Tierkreis.

Die vier Elemente

Nach frühester astrologischer Tradition werden die Tierkreiszeichen in Gruppen zusammengefasst. Das Weltensystem der alten, aus dem Orient stammenden Astrologie war geozentrisch. Die Kreisbewegungen der Planeten um die Erde wurden mit den linearen, zeitlich begrenzten Bewegungen der vier klassischen Elemente Feuer, Luft, Wasser und Erde kombiniert.

Die Vier-Elemente-Vorstellung wurde von Ptolemäus mit der Astrologie in Verbindung gesetzt. Er ordnete je drei Tierkreiszeichen den vier Elementen zu. Man spricht hier von Triplizität oder der Verknüpfung von drei Tierkreiszeichen in vier

Gruppen. Aus der Stellung der Planeten in den entsprechenden Tierkreiszeichen ergibt sich die Elementnatur. Wer in einem bestimmten Element geboren ist, hat entweder eine luftige oder feurige Natur und ein entsprechendes Temperament oder Schicksal. Die Menschen, denen die Elemente Feuer, Erde, Luft und Wasser zugeordnet werden, haben außerdem in ihrer Geburtsstunde eine bestimmte Konstellation von Sonne, Mond, Aszendent oder Planeten, die sich auch auf ihr Charakterbild auswirkt.

Nachfolgend werden die einzelnen Elemente und die astrologisch dazugehörigen Tierkreiszeichen aufgeführt:

Das Element **Feuer** (Widder, Löwe und Schütze) ist optimistisch, liebt Bewegung, ist unternehmungslustig und voll von körperlicher Energie. Der Partner verkörpert teilweise einen Mythos, also eine fantastische Gestalt, die über die Realität hinausgeht. Die Bindung in einer Partnerschaft sind gemeinsame Unternehmungen, Sport, Dynamik. Sex ist für Feuerzeichen eine wichtige Angelegenheit, bei der sie ihren Körper transzendieren und eine Art spiritueller, ekstasischer Vereinigung spüren wollen.

Das Element **Erde** (Stier, Jungfrau und Steinbock) ist realistisch und neigt deswegen zu Pessimismus und Melancholie. Es liebt Materie, also Besitz, sinnliche Vergnügungen, Arbeit und Status. Der Partner sollte ständig anwesend sein; moderne Beziehungen mit langer Trennung können Erdzeichen nicht ertragen. Die Bindung in einer Partnerschaft sind Vertrautheit, gemeinsamer Besitz, Familie, Kinder, eine gute Position in der Gesellschaft, gutes Essen und angenehme Sinneseindrücke. Sex ist für Erdzeichen eine tiefe, körperliche Erfahrung, ohne Über- oder Untertöne. Eine romantische Umgebung kann wichtig sein, Gespräche beim Sex sind eher störend.

Das Element **Luft** (Zwillinge, Waage und Wassermann) liebt die Freiheit und redet gern. Es ist kontaktfreudig und muss die Wirklichkeit durch ein geistiges System ordnen. Luftzeichen lieben geistvolle Gespräche und nehmen die Welt leicht. Der Partner kann weit weg sein; Telefongespräche ersetzen dann den körperlichen Kontakt. Die Bindung in einer Partnerschaft sind geistige Auseinandersetzungen, Gespräche und Ideen. Sex ist für Luftzeichen nicht so wichtig. Gespräche, also Verbal-Erotik, können den eigentlichen Akt ersetzen bzw. wichtiger werden als die körperliche Vereinigung.

Das Element **Wasser** (Krebs, Skorpion und Fische) lebt in einer Welt von Vorstellungen, Fantasien und Gefühlen. Manchmal mangelt es ihm an Durchsetzungskraft, dafür ist es von hohem Einfühlungsvermögen geprägt. Der Partner sollte anwesend sein, weniger als Person denn als gefühlvolles, zugewandtes Wesen. Die Bindung in einer Partnerschaft sind gemeinsame Träume und liebevolle Zuwendung. Sex ist für Wasserzeichen Ausdruck einer gefühlsmäßigen Übereinstimmung, niemals Selbstzweck.

Viereckgruppierung der Tierkreiszeichen

Der jährliche Sonnenlauf wird in vier Jahreszeiten eingeteilt. Die Jahreszeichen zeigen sich immer im gleichen Rhythmus. Die Jahreszeit bewegt sich, zeigt sich fest, stabilisiert sich, sie gleicht sich der folgenden Jahreszeit an. Genauso werden die Tierkreiszeichen eingeteilt.

Die **kardinalen** (aktiven) Zeichen (Widder, Krebs, Waage, Steinbock) ergreifen gerne selbst die Initiative und setzen sich konkrete Ziele.

Die **fixen** (beharrlichen) Zeichen (Stier, Löwe, Skorpion, Wassermann) können bei einer Sache bleiben und sind gute Organisatoren. Die **beweglichen** (reaktionsfreudigen) Zeichen (Zwillinge, Jungfrau, Schütze, Fische) sind anpassungsfähig und können rasch auf Veränderungen reagieren.

Männliche und weibliche Zeichen

Die Astrologie unterscheidet zudem auch noch nach männlichen und weiblichen Zeichen. Dies steht in gewisser Analogie zum Prinzip „Yin“ und „Yang“, von dem später noch im Kapitel zur Chinesischen Astrologie die Rede sein wird. Dieses älteste Gegensatzpaar hat somit auch in der Astrologie seinen Platz gefunden. Die Einteilung soll auf typisch männliche oder typisch weibliche Merkmale hinweisen.

Zu den **männlichen** Zeichen gehören die Feuer- und Luftzeichen, also Widder, Zwillinge, Löwe,

Waage, Schütze, Wassermann. Vertreter dieser Zeichen sollen zielstrebig und tatkräftig sein. Sie ergreifen gern die Initiative.

Zu den **weiblichen** Zeichen gehören die Erd- und Wasserzeichen, also Stier, Krebs, Jungfrau, Skorpion, Steinbock, Fische. Die Vertreter dieser Zeichen sind eher passiv und zeichnen sich durch ihr zögerliches Handeln aus. Sie sollen sehr friedliebende Menschen sein.

Außerdem werden die Zeichen noch von Planeten beherrscht, die teilweise ebenfalls als männlich oder weiblich bezeichnet werden. So ist eine Waage-Frau vom biologischen Geschlecht her weiblich, dem Zeichen nach männlich, doch der beherrschende Planet Venus ist wiederum weiblich.

Zusammenfassung:

Fasst man die vorher genannten Eigenschaften und Zuordnung für die einzelnen Tierkreiszeichen zusammen, so ergibt sich folgende Aufstellung:

Widder: Feuer, beweglich, männlich

Stier: Erde, fest, weiblich

Zwillinge: Luft, angleichend, männlich

Krebs: Wasser, beweglich, weiblich

Löwe: Feuer, fest, männlich

Jungfrau: Erde, angleichend, weiblich

Waage: Luft, beweglich, männlich

Skorpion: Wasser, fest, weiblich

Schütze: Feuer, angleichend, männlich

Steinbock: Erde, beweglich, weiblich

Wassermann: Luft, fest, männlich

Fische: Wasser, angleichend, weiblich.

Berücksichtigt man alle Faktoren, die zur Zeit der Geburt einen Einfluss ausüben können – Planeten, Häuser, Achsen, bestimmte Punkte – dann erhält man eine bildliche Darstellung, die man Horoskop nennt. Ein Horoskop kann Auskunft geben über die natürlichen Anlagen, Fähigkeiten und Talente eines Menschen; es kann jedoch nichts darüber sagen, was diese Person daraus macht. Die Symbole eines Horoskops sind wie die Gene eines Menschen: Sie beeinflussen ihn, aber welches Gen wofür zuständig ist, ist nicht leicht zu sagen. Der Mensch wird auch nicht nur durch seine Gene geformt, sondern auch durch Erziehung, Umwelt, Karma – und den eigenen Willen. In diesem Sinn ist Astrologie keine Zukunftsdeutung eines vorgezeichneten Schicksals, sondern der Hinweis auf das Potential eines Menschen und ein Appell an das Verantwortungsgefühl eines jeden, mit den eigenen Ressourcen vernünftig umzugehen und sie zum Wohle der Menschheit einzusetzen.

Warum die Astrologie so beliebt ist

Nur im Abendland gibt es eine derart scharfe Abgrenzung zwischen der Wissenschaft, die uns die Welt erklärt, und der Religion, die uns das Leben erklärt. Die Wissenschaft zeigt, wie die Dinge funktionieren, aber sie sagt uns nichts darüber, warum das so ist und welchen Sinn unser Leben hat. Die Religion erklärt nichts, kann aber dem Leben des Einzelnen Sinn und Inhalt verleihen. Eine Berührung zwischen beiden scheint es nicht zu geben. Doch gerade da kommt die Astrologie ins Spiel. Von der Wissenschaft hat sie die Exaktheit der Berechnungen, die Komplexität der Formeln und die Ableitbarkeit komplexer Sachverhalte aus ihren Symbolen. Von der Religion hat sie die Fähigkeit, dem Einzelnen sein Leben in größerem Maßstab, sozusagen unter dem Aspekt der Ewigkeit, zu zeigen. Selbst Kritiker der Astrologie müssen zugeben, dass diese unser Leben in einer Form bereichert, wie es die rationalen Wissenschaften niemals können. Die Astrologie stillt die Sehnsucht des Menschen nach etwas Mythischem, Spirituellem, über den Alltag Hinausgehendem. Und darum brauchen wir sie.

♊ GEMINI.

Die Zwillinge

Die Zwillinge als Mythos

Die Zwillinge sind der Mythos der Zweiheit. Diese Dualität ist so entscheidend, dass sie im Grunde jeder Erscheinungsform des Daseins innewohnt. Es ist daher nicht verwunderlich, dass man sie als wesentliches Element in fast allen Mythen wieder findet.

Die Sonne tritt in das Zeichen der Dualität im letzten Drittel des Mai ein und verbleibt dort bis zum Sommeranfang. Ist diese Zeit eigentlich noch Frühling? Ist sie nicht eher schon Sommer? Die Pracht des Mai ist vergangen, die lastende Hitze des Sommers liegt noch in der Zukunft – es ist eine Übergangszeit, sie hat von beidem etwas, sie ist zwillingshaft.

Die Zweiheit tritt uns zunächst entgegen in der Polarität der Geschlechter. Die Reihe der mythischen und künstlerischen Erzählungen, die dieses Thema ins Zentrum stellen, beginnt bei Adam und Eva und weist solche Höhepunkte auf wie Paris und Helena, Romeo und Julia, Tristan und Isolde. Das kosmische Urbild ist die Zweiheit von Tag und Nacht, Himmel und Erde.

Diese Dualitäten beinhalten einen Gegensatz, und zwar einen absoluten, ausschließlichen. Es sind doch sehr häufig die Gegensätze, die sich anziehen, oft geradezu magnetisch, wie ungleichnamige Pole, und die dennoch voneinander diametral verschieden sind. Auch sie sind ein Zwillingsthema.

Doch es gibt noch andere Paarbildungen. Es sind dies jene Zweiheiten, die vielmehr Verdopplungen sind, und sie sind das mythische Zwillingsthema im engeren und eigentlichen Sinne.

Das Sternbild der Zwillinge wird von den zwei Hauptsternen Kastor und Pollux beherrscht. Sie bilden am Himmel ein augenfälliges Paar. Sie sind nach den beiden Dioskuren der griechischen Sage benannt, zwei Jünglingen, die einander unverbrüchlich zugetan waren. Doch während Pollux unsterblich war, war Kastor sterblich. Und dies ist der wesentliche Kern dieser Sage: es handelt sich dabei nicht um polare Gegensätze, sondern um zweimal das Gleiche, nur einmal in seiner sterblichen, schattenhaften, ein anderes Mal in seiner unsterblichen, lichthaften Erscheinungsform.

Ebenso verhält es sich mit Daidalos und Ikaros. Dem einen gelang der Flug über das Meer, der andere stürzte ab, weil er der Sonne zu nahe kam und sich das Wachs seiner künstlichen Flügel erweichte. Zwischen diesen Jünglingspaaren war nichts von Spannung oder Streit, wie so häufig bei polaren Gegensatzpaaren, sondern sie ergänzten sich in fragloser Weise. Dennoch waren sie doch nicht ganz das Gleiche, aber sie waren im Grunde zwei Teile derselben Wesenheit, wie jedem Ding sein eigener Schatten anhaftet.

Wir treffen dieses Phänomen in unheimlicher Art im Mythos vom Doppelgänger an, wie ihn uns Heine in seinem gleichnamigen Gedicht vorstellt. Der „bleiche Geselle“ ist das andere Ich, und damit ist das Thema der Schizophrenie bereits angesprochen.

In praktisch allen Zwillingsmythen muss der eine Teil sterben, vom anderen betrauert. So ist es auch in der Bibel bei David und Jonathan, und so verhält es sich mit Achilles und Patroklos in der Ilias und mit Apollon und Hyazinth in der Göttermythologie.

Da es sich bei den Zwillingsmythen im engeren Sinne um Verdopplungen handelt, sind diese Paare immer gleichgeschlechtlich, was bei biologischen Zwillingen ja keineswegs der Fall sein muss, sofern sie nicht eineiig sind.

Ein Paradebeispiel eines doppelten Zwillingsmythos stellt uns Richard Wagner (Sonne im Zwilling) in seinem Musikdrama „Tristan und Isolde" vor. Einerseits repräsentieren seine Hauptfiguren die zweigeschlechtliche Gegensatzpolarität. Andererseits ist aber jedem der beiden ein „Zwilling" des gleichen Geschlechts beigegeben. Es handelt sich um die auch dramaturgisch wohl bekannten „confidents", die Vertrauten der beiden Hauptakteure. Tristan steht Kurwenal, Isolde Brangäne zur Seite, wie Schatten, die für sich genommen kein Eigenleben besitzen.

Eine merkwürdige Mischung stellt die biblische Geschichte von Kain und Abel dar, denn hier tötet der eine Bruder den anderen. Es handelt sich also sowohl um Polarität (Hass-Liebe) als auch um Verdopplung (als Bruderpaar). Doch wird auch hier sehr deutlich, wie wichtig die mythische Unsterblichkeit des einen Teils ist, denn Gott verbietet ja ausdrücklich, den Kain zu töten.

In unserer Zeit sind auch die vergnüglichen, ja komischen Seiten des Zwillingsthemas entdeckt worden. Ein moderner Mythos dieser Art sind Groteskfiguren wie sie beispielsweise von Stan Laurel und Oliver Hardy dargestellt werden.

Sie sind und bleiben unverbrüchlich miteinander verbunden, sie wollen auch beide dasselbe, nur jeder auf seine ganz besondere, ja in besonderer Hinsicht beschränkte Weise, sodass sie sich zu einem Duo von unausschöpflicher Komik verbinden. Wahnsinn und Genialität hängen bekanntlich im tiefsten Grunde zusammen. Man könnte sie selbst als Zwillinge ansehen.

Es gibt eine Art schöpferische Labilität, die häufig in Spaltung mündet. Dies mag mit der mythischen Forderung nach Sterblichkeit des einen Teil in tiefem Zusammenhang stehen. Denn auch das Genie besitzt ja einen sterblichen Teil im Menschen und einen unsterblichen in der ideellen Person des Werkes, das die Nachwelt verehrt.

Daher finden wir gerade in der ideellsten aller Künste, in der Musik, sehr viel Zwillingshaftes. Tatsächlich sind überdurchschnittlich viele Komponisten in diesem Zeichen geboren. Mit der Musik hängt eng die Welt der Zahlen zusammen. Die Mathematik, besonders sinnfällig in ihrer geometrischen Komponente, stellt das Zwillingsphänomen exakt, aber nichtsdestoweniger geradezu mystisch anmutend, dar.

Wir finden es in den zwei Seiten einer Gleichung wieder, die beide den selben Wert, jedoch jeweils in anderer Form, ausdrücken. Wir finden es wieder in den Parallelen, die man als einander schneidend oder auch niemals schneidend annehmen kann, je nachdem, ob man die euklidische oder die nichteuklidische Geometrie voraussetzt.

Man könnte bei diesem Zeichen auch vom „Mythos der Pubertät“ sprechen. Es ist das dritte Zeichen des Tierkreises und entspricht somit der dritten Entwicklungsstufe im menschlichen Leben. Der Widder steht für erste, unreflektierte Willensäußerung, der Stier eignet sich die Materie an. Der Zwilling aber ist intellektuelles Lernen, Unruhe, Widerspruchsgeist und Jugendfreundschaft nach dem Motto: „Gleich und Gleich gesellt sich gern“.

Dass das Zwillingsthema im eigentlichen Sinn, also im Sinn der Verdopplung oder Abspaltung, ein jugendliches, einem frühen Stadium der Entwicklung entsprechendes ist, sehen wir an der Natur: die Lebewesen der frühesten Entwicklungsstufe pflanzen sich durch Sprossung und Teilung fort.

Die späteren Entwicklungsstufen, die komplexeren Lebewesen also, fordern die geschlechtliche Fortpflanzung, die auf dem Prinzip der polaren Verwandtschaft der Gegensätze beruht.

Die Zwillinge und ihr beherrschender Planet

Der Planet, der das Prinzip der Zwillinge am deutlichsten ausdrückt, ist Merkur, der sonnennächste Himmelskörper. Dieser Trabant kreist so nahe um das Zentralgestirn, dass er nur 88 Tage braucht, um es zu umrunden.

Merkur kommt, natürlich von der Erde aus betrachtet, relativ rasch hinter der Sonne hervor und ist wenn überhaupt nur wenige Tage am Abendhimmel zu sehen. Er schießt dann geradezu unsichtbar vor der Sonne vorbei, wobei er scheinbar rückläufig wird. Bald wiederholt sich dieses Phänomen in umgekehrter Reihenfolge am Morgenhimmel. Dabei entfernt sich dieser Sonnenbegleiter nicht einmal ein ganzes Zeichen weit von seinem Zentralherren.

Damit hängt die Schwierigkeit zusammen, diesen Sonnenboten überhaupt zu Gesicht zu bekommen. In unseren Breiten ist dies mit bloßem Auge gar nicht leicht. Merkur verschwindet entweder oft im Abend- oder Morgendunst, oder seine Bahn steht in einem so ungünstigen Winkel zur Sonnenbahn, dass er in den Strahlen der Sonne verschwindet. Dieser Planet besitzt so gut wie keine Atmosphäre und seine Oberfläche gleicht, von Kratern übersät, am ehesten der unseres Mondes.

Sofern man ihn beobachten kann, erscheint er als silbrig glänzender Stern, der weitaus heller wirken würde, erschiene er auch am finsteren Nachthimmel. Manchmal kann man ihn auch vor der Sonnenscheibe vorbeiwandern sehen – selbstverständlich nur, wenn man ein Fernrohr zu Hilfe nimmt. Dies sind die so genannten „Merkurbedeckungen“, die besonders in früheren Zeiten für die Entfernungsbestimmung sehr wichtig waren.

Das ihm zugeordnete Metall ist das Quecksilber, und so wirkt er ja auch auf uns: schnell und unregelmäßig, rasch sich verflüchtigend und silbrig glänzend – eben quecksilbrig. Es entspricht daher ganz und gar der Natur der Zwillinge, dem beweglichsten Zeichen des Tierkreises.

Merkur – der griechische Hermes – ist der Götterbote. Er wird mit Flügeln an den Füßen und am Helm dargestellt: das weist auf seine Schnelligkeit und Bewegungsfreude hin. Wie er zwischen den Göttern vermittelt, bald diesem, bald jenem etwas zuträgt, so erscheint er als Planet als Bote der Sonne, der gleichsam ihre Reichweite bald nach dieser, bald nach jener Seite verlängert.

Das Planetenprinzip Merkur ist hermaphroditisch: Es ist beiden Geschlechtern oder keinem von beiden zugeordnet. Es ist neutral oder ambivalent. Es gilt auch weder als gutes noch als böses Prinzip, ist weder „Wohltäter“ noch „Übeltäter“, wie es die klassischen Astrologen nannten. Manche haben Merkur allerdings mehr als Übel- denn als Wohltäter gesehen. Hermes war ja auch der Gott der Diebe, und sein schillerndes Wesen ist der Lüge nahe verwandt. Doch im Allgemeinen repräsentiert er das neutrale Prinzip der Vermittlung:

Bei der Vermittlung kommt es weniger auf ausgeprägtes Eigenleben als auf die Fähigkeit an, sich den Eigenarten der verschiedensten Dinge und Persönlichkeiten anpassen zu können, ohne dabei restlos in diesen aufzugehen. Wichtig für die Kommunikation ist schließlich die Sprache. Alles das repräsentiert das Prinzip Merkur.

Er ist der Intellektuelle unter den Planeten. In ihm ist die Fähigkeit aufs höchste vervollkommnet, die Dinge von den unterschiedlichsten Seiten her zu beleuchten. Er hat einen Sinn für die verschiedenen Aspekte ein und derselben Sache.

Desgleichen ist Merkur der Gott des Handels und der Kaufleute. In der Wirtschaft braucht man weniger Emotionen als vielmehr kühlen Sachverstand und vielseitiges Abwägen. Das Prinzip des Gefühls ist Merkur gänzlich fremd. Sein Intellekt ist bisweilen kühl und nüchtern, bisweilen äußerst kritisch und ambivalent.

In den Zwillingen kommt der merkurische Einfluss vor allem als vermittelndes, intellektuelles Prinzip zur Geltung, weniger als ökonomisches. Als Herr dieses Zeichens befähigt er in erster Linie zu kritischer Reflexion. Er sieht, dass alles zwei Seiten hat, dass man die Dinge so aber auch ganz anders betrachten kann.

Da die Zwillinge gemeinhin das beweglichste aller Zeichen sind, ist auch der Zwillings-Merkur das Prinzip der ungemein raschen Auffassungsgabe. Er gilt deshalb nicht zu Unrecht als Prinzip des Zweifels.

Das Wort Zweifel leitet sich ja von der Zwei, dem Zwiespalt ab. Und zwiespältig ist auch Merkur. Sein Prinzip bleibt nicht lange bei einer Sache stehen, so wie auch der Planet rasch von einem Zeichen zum anderen eilt. Er bleibt so fast an der Oberfläche. Sein Denken ist nicht tiefgründig, sondern logisch-sachbezogen.

In der germanischen Mythologie trägt Loki merkurische Züge. Er ist der Schlaue, Listenreiche, aber auch der Falsche, Trügerische und Unbeständige unter den Göttern. Doch auch im Göttervater Wotan erkannten die Germanen, sobald sie mit der römischen Kultur in Kontakt traten, merkurische Züge. Wotan ist der Bringer der Runen, der Schrift. Er streift auch bisweilen als ruheloser Wanderer durch die Lande. Da er dem Winde gebietet, erweist er gleichfalls seine Beziehung zum luftigen Element Merkur.
Es ist wohl kein Zufall, dass gerade die Germanen einen merkurischen Gott als „Allvater“ hatten. Denn sie haben sich seit jeher als ein Volk von besonderen dichterischen Begabungen erwiesen.

Da Merkur, wie alle anderen Planeten- und Götterprinzipien, ein Archetypus ist, der aus den Tiefen des menschlichen Bewusstseins kommt, ist natürlich auch im Christentum ein merkurisches höheres Wesen vorhanden.

Es ist dies der Erzengel Gabriel, der Gottesbote. Seine Aufgabe ist es, wie die Merkurs, den Menschen Absichten und Aufträge Gottes zu übermitteln.

Seiner Natur entsprechend unterstehen dem Merkur alle Pflanzen, welche rasch wachsen, unter den Tieren alle kleinen und flinken, unter den Gesteinen alle Konglomerate, also Mineralien.

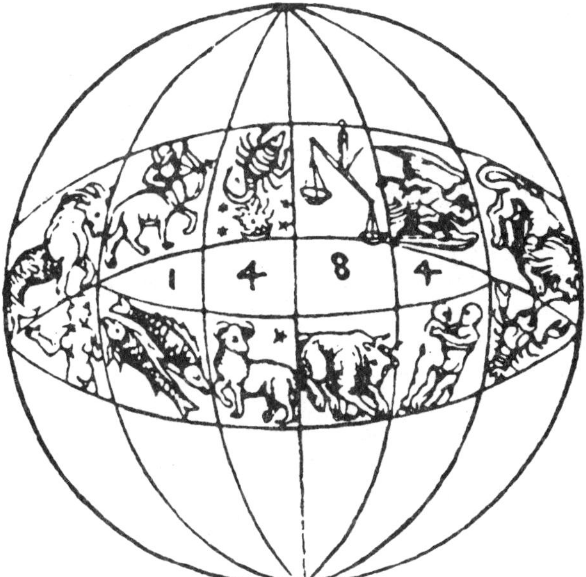
1 4 8 4

„Rotkäppchen und der Wolf“ erzählt von Zwillingen

Es war einmal ein Mädchen, das hieß Rotkäppchen. Die Kappe hatte es im Kaufhaus für 4,95 DM im Sommerschlussverkauf erstanden, in der Abteilung „Kinderstrümpfe und Socken“. Dort war sie aus Versehen hingeraten. Aber Rotkäppchen fand immer solch günstige Sachen.

Heute hatte es, wie üblich, mehrere Besuche zu absolvieren. An erster Stelle stand die Großmutter, der sie den neuen Jelle-Katalog und die letzten drei Ausgaben der „Gitte“ bringen sollte.

Oma lebte ja hoffnungslos hinter dem Mond: sie hatte nicht mal eine Zeitung abonniert! Kein Wunder, dass sie in Modefragen keine Ahnung hatte!

Rotkäppchen bog vom Weg ab und balancierte auf den Gleisen einer stillgelegten Eisenbahnlinie. Sie fand die Schienen verbindend und fühlte sich auf ihnen nicht mehr einsam. Doch die Einsamkeit hielt ohnedies nicht lange, denn beim zweiten Signal begegnete ihr der Wolf.

„Du bist auf dem Weg zu einem Postamt am Bahnhof“ begrüßte Rotkäppchen den verdutzten Wolf. „Du suchst dort die Hamburger Nummer des Amba-Versands und möchtest dich außerdem über Speichertelefone informieren.“

Das verschlug dem guten Wolf die Sprache. „Woher weißt du das alles?“ fragte er verdutzt. „Ist doch ganz einfach“ sagte Rotkäppchen. „Aus deiner Rocktasche ragt ein Zettel mit „Amba“ drauf. Und dieser Versand hat nur zwei Zentralen: eine hier, die andere in Hamburg. Für die hiesige Telefonnummer brauchst du aber nicht zum Postamt zu gehen.“

„Außerdem“, fuhr die kleine Detektivin fort, „hast du in der anderen Tasche Prospekte über Mobiltelefone. Und wenn du zu Fuß gehst, bist du erst nach 18 Uhr in der Stadt. Da haben aber die meisten Postämter schon zu, bis auf das am Bahnhof.“

Der Wolf war von der Beobachtungsgabe des kleinen Mädchens so beeindruckt, dass er es bat, es begleiten zu dürfen. So stapften sie gemeinsam die Schienen entlang und unterhielten sich über Tagesneuigkeiten und Sonderangebote. „Weißt du“, sagte das Mädchen, „dass es an der Ebenholzstraße an der Ecke zur Augustenstraße einen neuen Laden gibt, der als Einführung bis zum Dritten des Monats alle Preise um 50% reduziert hat?“ „Kenn` ich“, sagte der Wolf, der jeden Tag drei Zeitungen las und regelmäßig die Meldungen von „Radio Eriwan“ hörte, „aber – Kinder, ihr hört ja gar nicht zu!“

So etwa könnte ein Zwilling das bekannte Märchen erzählen. Jedenfalls finden wir einige typische Merkmale dieses Zeichens.

Rotkäppchen ist eine Mini-Ausgabe des berühmtesten Detektivs der Welt, Sherlock Holmes. Sein geistiger Vater, Sir Arthur Conan Doyle, wurde ja auch unter diesem Zeichen geboren. Beobachtungsgabe, logisches Denken und das Wissen um alles Neue sind typisch dafür.

Rotkäppchen und sein Tierkreis-Zwillingsbruder, der Wolf, kennen alle aktuellen Neuigkeiten aus den Medien. Sie interessieren sich für alles, was mit Verbindungen zu tun hat. So sucht sich Rotkäppchen ihren Weg auf den Eisenbahngleisen, und der Wolf möchte ein neues Telefon.

Außerdem sind beide neugierig und haben ein freundschaftliches Verhältnis zueinander.

Auf den folgenden Seiten erfahren Sie noch mehr über dieses Zeichen.

Die Zwillinge und ihr Charakter

Das beweglichste Zeichen von allen ist auch das am meisten extrovertierte. Der Zwilling-Mensch schließt gerne und oft Kontakte. Es bereitet ihm keine Schwierigkeiten, mit den verschiedensten Leuten ins Gespräch zu kommen.

Er spricht selbst gerne, hört aber auch anderen aufmerksam zu. Das Motiv für diese hoch geschätzte und nicht sehr verbreitete Eigenschaft ist einfach seine Neugier.

Diese Neugier ist ein ganz zentraler Charakterzug des merkur-beherrschten Menschen. Was wunder, wenn er sich dann auch in fremden und ungewohnten Lebenslagen rasch zurechtfindet, Gott und die Welt kennt und über alles und jedes unterhaltsame Anekdoten zu erzählen weiß.

Der Zwilling muss immer in Bewegung sein. Er verabscheut Stagnation, Weitschweifigkeit und Langeweile. Sein Leben unterliegt daher einem häufigen Ortswechsel. Immer ist er auf der Suche nach etwas Besserem, oder einfach nur nach etwas anderem. Beständigkeit ist nicht seine Stärke.

Man kann daraus leicht erkennen, dass die Kehrseite seiner Aufgewecktheit ein gewisser Hang zur Oberflächlichkeit ist. Der Zwilling muss ständig zwischen seinen Mitmenschen Beziehungen herstellen. Er will vermitteln und bekannt machen. Dadurch eignet er sich natürlich als Partygastgeber ganz ausgezeichnet.

Man sollte bei Geselligkeiten auf eine reichliche Zwilling-Besetzung achten, dann haben zum Schluss sicher alle Gäste miteinander Bekanntschaft gemacht, jeder hat mit jedem ausgiebig geplaudert und keiner hat sich gelangweilt.

Wenn es darum geht, Geschäfte zu vermitteln, sollte man sich gleichfalls an Zwillinge halten, ebenso dann, wenn man eine Meinung unter die Leute bringen will.

Zwillinge sind die geborenen Vervielfältiger. Was ein Merkurspross dem anderen mitteilt, gilt für zwei. Und das verdoppelt sich dann von Zwilling zu Zwilling. Wer nachrechnet, weiß, was das bedeutet.

Ein ziemlich vordergründiger Mensch, dieser Zwilling, so scheint es. Er mutet ja fast wie eine Maschine an, ohne Seelenleben, eine reine Funktion – wirklich? Keineswegs, denn nun kommt das Eigentliche. Man spricht ja landläufig viel von den zwei Gesichtern, die Zwillinge so haben sollen. Aber hat die nicht jeder Mensch? Ist nicht jede Persönlichkeit vielschichtig?

Jeder Zwilling trägt sein Alter Ego, sein anderes Selbst, mit sich wie einen Schatten. Außerdem gibt es im Wesentlichen zwei Zwillingstypen, die einander ziemlich unähnlich und doch Früchte vom gleichen Baume sind: den Kastortyp und den Polluxtyp. Davon trägt natürlich wieder jeder Kastor seinen Pollux in sich und umgekehrt. Ziemlich kompliziert, nicht wahr? Aber so sind die Zwillinge eben.

Beim Kastortyp schlägt sich die Vielseitigkeit auf die Welt der Gefühle und der Fantasie. Wie ein Roman von dem Zwilling Thomas Mann kann er gleichzeitig weitschweifig und amüsant sein. Man könnte von ihm sagen, dass er weniger gerne zuhört, weil er ja ständig damit beschäftigt ist, seine eigenen Eindrücke und Empfindungen weiterzugeben.

Und dennoch: aus scheinbar Hingeworfenem nimmt sein Spürsinn sofort das Wesentliche auf und verarbeitet es in Windeseile. Man trifft unter diesem Typ den Künstler an, den äußerst vielseitigen Musensohn, aber auch den Visionär und Fantasten.

Der Kastortyp kann in einigen Fällen medial begabt sein. Er ist sehr sensibel und nervös, verfällt leicht in Neurosen und ist gut hypnotisierbar. Bisweilen stehen solche Menschen mit parapsychologischen Phänomenen auf gutem Fuß. Sie haben zumindest sehr oft die Gabe des „zweiten Gesichts", also der Wahrträume und Vorahnungen.

Der Polluxtyp wieder ist bisweilen von ernüchternder Trockenheit. Er scheint überhaupt keine Gefühle zu besitzen, ist nur irgendeiner fixen Idee verfallen, die zwanghafte Züge trägt. Er liebt Konstruktionen und Abstraktionen. Er gibt sich lieber mit Logik und Mathematik ab als mit dem Seelenleben seiner Mitmenschen. Diese scheinen ihm oft nur Schachfiguren in seinem Kalkül zu sein. Die Liebe ist ihm wirklich nur ein Wort, im Grunde macht er sich über dergleichen lustig.

Man ist immer wieder erstaunt darüber, dass Zwillinge wie aus heiterem Himmel gänzlich konträre Wesenszüge offenbaren. Allen diesen gegensätzlichen Erscheinungsformen ist freilich eines gemeinsam: die ungeheure Beweglichkeit und die Abgelöstheit von der Schwere alles Stofflichen.

Der Zwilling spielt immer im Grunde mit seinem Selbst. Er stellt sich dar, den anderen und sich selbst. Es gibt Zwillinge, die sich sogar in den aufgeregtesten Situationen, in der scheinbar ungeteiltesten Engagiertheit, regelrecht selbst beobachten können. Das eignet ihn natürlich für das Schauspielertum. Er ist aber eigentlich immer Schauspieler. Kein Gefühl geht bei ihm so tief, dass es gänzlich und auf lange Zeit wirklich Herr über ihn werden könnte.

Dadurch neigt er zur Ironie und zum Sarkasmus. Die spitzen Bemerkungen sind seine Spezialität. Aber er weiß es schon morgen nicht mehr, dass er gestern jemanden verletzt hat und ist oft überrascht von dem, was er angerichtet hat.

Es hat wenig Sinn, ihm einen Mangel an Anteilnahme vorzuwerfen. Es führt zu nichts, von ihm tiefere Gefühle zu verlangen. Wer Beständigkeit und Tiefgang sucht, sollte sich an andere Zeichen halten. Die Vorzüge des Zwillings wissen dagegen Leute zu schätzen, die eine dauernde Anregung brauchen, selbst viel Neues zu bieten haben und dieses amüsant und kritisch beleuchtet sehen wollen. Der Zwilling lässt einen erst erkennen, welche Vielseitigkeit in einer eigenen kurzen Bemerkung, in einer guten Idee steckt.

Das Erstaunlichste aber ist, dass er in zwischenmenschlichen Beziehungen durchaus zur Treue begabt ist. Der Grund dafür ist nicht etwa in einem besonderen Besitzstreben oder in Mangel an Fantasie zu suchen, sondern darin, dass gerade der geistig Flüchtige in seiner realen, materiellen Existenz gleichwohl einen Ruhepunkt braucht.

Er lebt auch manchen abenteuerlichen Wunsch nur in der Fantasie aus. Zwillinge haben die Worterotik erfunden. Bei seinen oft nur erdachten Eskapaden im Liebesleben wird der eine rot, der andere freut sich über die Anregung.

Natürlich hat das nichts mit abgründiger Leidenschaft zu tun, sondern auch hier neigt er zur Versachlichung. Lust ist ihm weniger Ausdruck der Zuneigung, als der prickelnd reflektierten Wollust.

Freilich hat dieses Zeichen auch in erotischer Hinsicht meist zwei Eisen im Feuer. Aber es wäre nicht so übel, ihm dieses Urbedürfnis seines Wesens nachzusehen. Wenn man ihn nicht unter ein allzu schweres Joch zwängt, bleibt er einem erhalten.

Zwillinge haben meist eine bisexuelle Komponente. Sein Schutzgott Merkur ist wie sein Zeichen von „herm“-aphroditischer, also zweigeschlechtlicher Wesenheit. Die Pubertät, jenes Lebensalter, das dem Merkur am meisten entspricht, ist ebenfalls in seinen Zuneigungen nicht eindeutig geschlechtlich polarisiert. Also wohnt auch dem Zwilling eine gewisse homoerotische Bereitschaft inne, was sich auch darin äußern kann, dass er als Mann knabenhafte Frauen, oder als Frau Männer mit stärkeren weiblichen Wesenszügen bevorzugt.

Körperlich erscheint der typische Zwilling als lang aufgeschossener, schlanker und feingliedriger Typus. Die Schädelform ist oft schmal, die Bewegungen sind schlacksig und nervös. Besonders charakteristisch sind seine Hände, die ebenfalls seinem Zeichen zugeordnet sind. Sie sind meist schön und fein geformt und verraten große Geschicklichkeit.

Was seine Lebensgewohnheiten betrifft, so zieht es ihn weniger in die Natur und schon gar nicht in die ländliche Abgeschiedenheit, sondern eher in die Großstadt mit ihren vielfältigen Möglichkeiten. Er ist ein urbaner Typ. In gewisser Hinsicht schätzt er das Künstliche mehr als das Natürliche.

Gemäß seiner Doppelnatur kann es vorkommen, dass er sowohl in der einen als auch in der anderen Siedlungsform heimisch ist. Es kann auch sein, dass er die Vorzüge der ländlichen Lebensweise preist, während er in der dichtesten Großstadt in einer Bar seinen Whisky trinkt, oder in der Zurückgezogenheit auf dem Lande an eine mondäne Stadtwohnung denkt.

Dieses Zeichen macht natürlich äußerst reiselustig. Es sind dabei nicht so sehr die großen Fernreisen, die weiten Entdeckungsfahrten, die bevorzugt werden, sondern die kurzfristigen, kleinen Abstecher. Es ist schwer, den Zwilling dauernd an einem Ort zu erreichen. Klarerweise hat er gerne zwei Adressen.

Da der Zwilling ein Luftzeichen ist, hat er keine stabile Beziehung zu materiellen Dingen. Er gebraucht sie zwar, ist von technischen Einrichtungen richtiggehend fasziniert, aber er lässt sie auch ebenso leicht wieder links liegen.

Seine finanzielle Lage gestaltet sich äußerst wechselhaft. Im Grunde ist Geld für ihn da, um sich amüsante und anregende Erlebnisse zu verschaffen. Es kann sein, dass er einige Zeit ganz gut unter sehr eingeschränkten finanziellen Verhältnissen zu leben versteht. Kommt er mit einem Male wieder zu Geld, so gibt er es gern für Dinge aus, die andere für völlig überflüssig halten mögen.

In seiner Kleidung bevorzugt er das Leichte und Spielerische. Er erweist dabei oft mehr Sinn für Originalität als für dezente Ästhetik. Da er ein eher sportlicher Typ ist und Bewegung sein Lebenselement darstellt, muss ihm auch in der Bekleidung die Bewegungsfreiheit gewahrt bleiben. Beide Geschlechter bevorzugen daher knappe, aber doch bequem anliegende Kleidung, wie Hosen und kürzere Jacken.

Klarerweise muss der Zwilling ein Fahrzeug besitzen. Manche Vertreter dieses Zeichens sind leidenschaftliche Motorradfahrer. Große und schwer zu parkende Autos nerven ihn durch den Aufwand, den sie erfordern. Ein Zeitverlust ist für ihn etwas Fürchterliches.

Manche Zwillinge wirken dauernd ein wenig gehetzt. Sie blicken oftmals auf die Uhr wegen des nächsten Termins, den sie natürlich wie die meisten anderen prompt versäumen. Regelmäßigkeit liegt ihrem Naturell kaum. Sie lassen sich oft von einer Augenblickslaune ablenken. Dagegen kann man mit ihnen oftmals den Reiz des Spontanerlebnisses auskosten. Der gefühlsrege Kastortyp verbindet sich nicht selten in einer Person mit dem kühlen Polluxtyp. Was dabei herauskommt, ist eine Neigung zu abergläubischen Vorstellungen.

Künstler haben die Spaltungstendenzen, die diesem Zeichen innewohnen, fruchtbar machen können. Man denke an Robert Schumann, der sich bisweilen in einen Florestan und einen Eusebius aufteilte, die ganz konträre Ansichten und Stimmungen verkörperten.

Ein typischer Zwillingsroman, der durch und durch von Symbolen und Atmosphäre dieses Zeichens bestimmt ist, ist der „Zauberberg" des Zwillings Thomas Mann. Schon der Titel ist schillernd und die Neugier anregend.

Dieser Roman spielt in einem Lungensanatorium – die Lunge und ihre Krankheiten unterstehen dem Zwilling. Die Hauptfigur ist ebenfalls ein Zwillingscharakter. Hans Castorp kommt nicht als Patient, sondern als Besucher dorthin. Er ist ein neutraler Beobachter, er hat keine eigene Meinung, sondern hört nur aufmerksam den widersprechendsten Äußerungen anderer zu. Er ist ein typischer junger Mann. Noch unfertig und nicht lebenserfahren, doch von hellwachem Intellekt und einem Anflug von skeptischer Melancholie. Dem Zwilling unterstehen die jungen Menschen.

Manche Geborene dieses Prinzips wirken ihr Leben lang jungenhaft.

Insbesondere ist Hans Castorp mit zwei höchst gegensätzlichen Charakteren konfrontiert, die einander ständig Streitgespräche liefern.

Thomas Mann versteht es dank seiner genialen Zwillingsnatur, dass sich der Leser wechselweise leicht mit beiden Persönlichkeiten – mit Settembrini und Naphta – identifizieren kann.

Naphta repräsentiert ein konservatives Prinzip, Settembrini ein aufgeklärt-fortschrittliches. In ihren Gesprächen versuchen sie oft, sich ad absurdum zu führen. Schließlich scheint es immer mehr, dass sie im Grunde jeder das Entgegengesetzte von dem darstellen, was sie vorgeben zu sein. Und dann kommt das Merkwürdigste: sozusagen streng nach Vorschrift des mythischen Zwillingsthemas begeht der dunkle Naphta Selbstmord. Einer muss immer sterben.

Es wäre noch die Frage zu stellen, wie man Zwillingen am besten begegnet, oder auch, wann diese Begegnung auf Schwierigkeiten stößt. Ein Grundprinzip wäre hier vor allem zu beachten: es hat keinen Sinn, herausbekommen zu wollen, worum es einem solchen Menschen eigentlich geht, was den Kern seiner Absichten ausmacht. In diesem Zeichen ist nur eines gewiss: die Veränderung.

Sein Verhalten ist funktional und hängt ganz von seiner jeweiligen Umgebung ab. Daher kann es vorkommen, dass Zwillinge selbst meinen, alle Menschen wären nur von den äußeren Umständen und sozialen Gegebenheiten bestimmt. Sie schließen hierin wieder von sich auf andere. Nicht jeder ist so anpassungsfähig wie der Zwilling.

Dem Zwilling gegenüber ist es bloß wichtig, ihm einen ständigen Neuheits- oder noch besser Abwechslungsreiz zu bieten, wenn man sich seiner dauernden Bekanntschaft erfreuen will. Man kann dabei alles Mögliche sein und vertreten, auf das „Was“ kommt es diesem Zeichen nicht an, nur auf das „Wie“.

Man versuche sich nicht an ihn zu klammern, ihn nicht an vergangene schöne Zeiten zu erinnern – was bedeutet ihm schon die Vergangenheit (und wenn es erst gestern gewesen wäre).

Sofern man ihm eine sichere materielle Grundlage bieten will, kann es sein, dass er immer wieder dankbar zum Futtertrog zurückkehrt. Aber eine wirkliche Partnerschaft ist nur möglich, wenn man in der Lage ist, seine Kapriolen mitzuvollziehen und ihnen zugleich keine Hemmnisse aufzuerlegen. Es ist sogar fast besser, mit ihm zu streiten, als allzu sehr auf „ein Herz und ein Seele“ zu drängen.

Es gibt vielleicht nur ein Zauberwort, das das Wesen dieses Zeichens auf ein Mal erfasst, es ist aber auch ein äußerst vieldeutiges: das Spiel. Ein spielerisches Element muss im Umgang mit Zwillingen stets mitschwingen. Sollte man mit ihm gemeinsam Musik machen können, so käme das dem Idealzustand sehr nahe. Vielleicht gelingt es dem Zwilling nur in dieser Disziplin, ein wenig von der sonst stets illusionären Einheit zu fühlen, nach der letztlich alles Lebende trachtet.

Manche ergeben sich dagegen dem Glücksspiel. Aberglaube und Zahlensinn, Neuheitsreiz und Spannung sind ihnen dabei in reichlichem Maße geboten. Doch hier ist die Gefahr des Süchtigwerdens nicht weit. Es soll nicht verschwiegen werden und auch statistische Untersuchungen haben ergeben, dass Zwillinge einen Hang zur Sucht haben. Denn sie sind sehr leicht verführbar.

Zwillinge finden am ehesten zur Harmonie, wenn sie die Dualität ihres Wesens erkennen und bejahen lernen. Und für Erkenntnisse sind sie ja wiederum sehr begabt – ihr Element ist der Geist.

Die Zwillinge im Beruf

Da unsere Zivilisation und unser Wirtschaftssystem deutlich zwillingshafte Züge trägt, hat es der Geborene dieses Zeichens nicht schwer, einen ihm entsprechenden Beruf zu finden. Zudem ist er so vielseitig und anpassungsfähig, dass er beinahe aus allem etwas machen kann und sich gut zurechtfindet.

Dennoch gibt es eine Reihe von beruflichen Tätigkeiten, die ihm förmlich auf den Leib geschrieben sind. Da sein Prinzip die Vermittlung ist, fühlt er sich besonders in den so genannten Medien zu Hause, also bei Zeitungen, im Rundfunk und im Buchverlagswesen.

Besonders die Massenmedien, Boulevardzeitungen und Fernsehen, können Zwillingstypen gut gebrauchen. Durch seine Neugier eignet er sich als Reporter, der alles ausschnüffelt. Seine Beweglichkeit und Liebe zur Ortsveränderung lässt ihn aus inneren Neigung stets den Brennpunkt des Geschehens aufsuchen, und zwar in Windeseile.

Seine Kontaktfreudigkeit erschließt ihm wichtige Bekanntschaften und Informationen. Seine geistige Beweglichkeit befähigt ihn, sich auf die verschiedensten Situationen und Charaktere einzustellen. Sein Stil liebt die Kürze, das Schlagwort, wobei es weniger auf die letzte Ausgefeiltheit, sondern auf die Allgemeinverständlichkeit und Griffigkeit, nicht zuletzt auch auf die Sensationswirkung ankommt. Ihm ist also der journalistische Stil angeboren.

Im Fernsehen kann man sich ihn gut als Volksanwalt vorstellen. Hierbei muss er die verschiedensten Anliegen zu den seinen machen, und zwar immer auf kurze Zeit – zu jedem Sendetermin gibt es ein anderes Thema. Er muss diese Anliegen zudem so vertreten, sich so ausdrücken, dass sie ein möglichst breites Publikum verstehen kann, dass es anregend und nie langweilig wirkt und dass auch der Unterhaltungswert nicht zu kurz kommt. Zudem ist er der geborene Quizmaster. Man sollte daher in jedem Beruf dem Zwilling gerade solche Aufgaben übertragen, wo er sozusagen Journalist oder Quizmaster sein kann.

Man soll ihn berichten lassen. Er soll Verbindungen zwischen verschiedenen Abteilungen oder Firmen herstellen. Er eignet sich natürlich als Personalvertreter genauso gut wie als Pressesprecher.

Eines sollte man bei ihm nicht so streng betrachten: Pünktlichkeit und Regelmäßigkeit. Man sollte sich vielmehr getrost darauf verlassen, dass er wirklich nicht rastet und ruht, dass sich das Neue und Sensationelle ja auch nicht vorschreiben lässt, wann und wo es gerade passiert. Wenn er nicht da ist, wenn man ihn gerade zu brauchen meint, so kann man sicher sein, dass er gerade dort ist, wo man ihn selbst gerne hinschicken würde, wenn man wüsste, was dort gerade los ist. Der Zwilling weiß es. Für so etwas hat er einen sechsten Sinn.

Schon allein wegen der Analogie eignet er sich für Tätigkeiten im Kommunikationswesen und im

Bereich des öffentlichen und privaten Verkehrs. Er fühlt sich wohl, wenn er mit Fernschreibern und Telefonen zu tun hat, wenn er sich schnell in ein Auto setzen muss, um dahin und dorthin zu fahren.

Oft ist es schon eine wichtige Voraussetzung, dass ihm ein Arbeitsklima zusagt, also dass es von einer Atmosphäre hektischer Betriebsamkeit und nervöser Unruhe geprägt ist. Was andere nervt und unproduktiv macht, ist für ihn die Voraussetzung für Kreativität und Arbeitseinsatz.

Der Zwilling hat Sinn für Marketing und eignet sich prächtig für einen Job als Vertreter. Auch als Heiratsvermittler können wir ihn uns vorstellen, genauso gut wie als Buchmacher in einem Wettbüro.

Der sachlichere Polluxtyp wird im Rechnungswesen, als Statistiker, Buchhalter oder Steuerberater am richtigen Platz sein. Je mehr er mit Zahlen zu tun hat, desto wohler fühlt er sich.

Bei manuellen Tätigkeiten kommt ihm zugute, dass gerade die Hände und ihre Geschicklichkeit vom Zeichen der Zwillinge begünstigt sind. Er ist ein ungemein flinker und geschickter Arbeiter.

Gerade das, was man gerne als unpersönlich, kalt und seelenlos bezeichnet zieht den Zwilling an: Die auf schnellen Verzehr ausgerichteten Fast-food-Restaurants üben auf dieses Zeichen einen merkwürdigen Reiz aus. Da junge Menschen dem Zwilling zugeordnet sind, finden sie sich dort auch zahlreich ein. Außerdem kommen diese Einrichtungen aus den USA, und die sind ebenfalls ein Zwillings-Land.

Ihm sagt zweifellos alles zu, was schnell geschehen soll, ja er stellt gerne für sich Geschwindigkeitsrekorde auf. Er sucht im Grunde jeder Tätigkeit den Charakter der Akkordarbeit zu verleihen. Fließbänder sagen ihm allerdings weniger zu, denn diese bestimmen ja sein Arbeitstempo, und das seine ist zwar schnell, aber eher unregelmäßig.

Ansonsten aber liebt er Maschinen. Nicht so sehr der Kraft oder Energie wegen, sondern wegen der vielfältigen Umsetzungen und Umwandlungen der Kräfte. Dazu kommt seine mathematisch-physikalische Begabung. Die Technik bietet ihm also ein überreiches Betätigungsfeld.

Die heutige Berufswelt scheint also geradezu für die Zwillinge konzipiert zu sein. Dennoch bietet gerade dieser Umstand für dieses Zeichen einige Probleme. Denn bei so vielseitiger Begabung und vielfältigen Möglichkeiten fällt es nicht leicht, sich für eine davon zu entscheiden. Häufiger Berufswechsel ist bei Zwillingen üblich. Sie wissen oft nicht, wofür sie geeignet sind.

Es wäre von Vorteil, würden die Geborenen dieses Zeichens bewusst den Wandel und Wechsel anpeilen. Mehr als anderen liegt ihnen die Mobilität. Sie tun gut daran, sich nirgends allzu heimelig einzurichten, allzu früh zu heiraten oder schwerwiegende Verpflichtungen einzugehen. Denn gerade der Beruf verlangt von ihnen Veränderung.

Sie sind im Grunde auch bessere Angestellte als Selbständige. Ihre Anpassungsbereitschaft braucht geradezu ein Quantum an fremdem Willen und Absichten, um sich davon anregen zu lassen. Als Chefs sind sie im guten Fall liberal, Ideen sehr aufgeschlossen und wenig durch irrationale Ressentiments bestimmt.

Im negativen Fall aber können sie schwer eine einheitliche Linie schaffen. Es kann vorkommen, dass Zwilling-Chefs wunderbar mit einem Stellvertreter zusammenarbeiten, sie bilden dann das berühmte Dioskurenpaar. Allein auf sich gestellt ist der Zwilling-Chef kaum denkbar. Ihm liegt das Teamwork wie keinem anderen.

Es kann freilich auch sein, dass der Zwilling in einer wenig anregenden Tätigkeit verknöchert. Er gleicht dann einem Kristall: anfangs schießen die Strukturen mit Windeseile zusammen, doch was dabei herauskommt, ist ein höchst starres und statisches Gebilde, das nur unter dem Mikroskop seine Kompliziertheit und Vielfältigkeit zu erkennen gibt.

Wir finden dann manche Prinzipienreiter und Schematiker unter dem Zeichen der Veränderung. Doch selbst dieses ist nur der eine Teil ihrer Zwillingsnatur. Es kann sein, dass sie sich in ihrer Freizeit als Don Juan betätigen oder einem Radfahrerklub angehören, mit dem sie kreuz und quer durch die Lande fahren: der grundsätzliche Bewegungsdrang wird immer seinen Tribut fordern.

Oft kommt es vor, und dies ist geradezu als ideal zu bezeichnen, dass Zwillinge zwei Berufe gleichzeitig ausüben. Zumindest üben sie meist eine intensive Nebentätigkeit aus.

Dem Prinzip der Zweiseitigkeit liegt auch der Beruf des Dolmetschers oder Übersetzers. Oft liegt eine große Sprachenbegabung vor, und diese sollte man ausbilden und vielseitig einsetzen. Der merkurische Mensch sollte auch im Beruf viel mit jungen Leuten zu tun haben. Manche betätigen sich zumindest in ihrer Freizeit als ehrenamtliche Pfadfinderführer oder als Trainer einer Juniorenmannschaft bei einem Sportklub.

Im Allgemeinen hat der Beruf bei ihm mehr den Charakter des Jobs als der Berufung. In musikalischen Bereichen allerdings können für ihn wirkliche Lebensaufgaben erwachsen. Ob als ausübender Musiker, als Komponist oder in einem Musikverlag – man sollte diesbezügliche Talente sehr ernst nehmen. Denn sein Zeichen ist eines der musikalischsten des Tierkreises und es lohnt sich, sein Talent zu fördern.

Als Hobbies könnten sich diese Menschen das Reisen erwählen. Das kurzfristige Reisen von Ort zu Ort bevorzugen sie vor allem, ausgedehnte Auslandsaufenthalte, lange Weltreisen sind nicht so ihre Sache.

Es ist erstaunlich, wie schnell sich Zwillinge in jedem neuen Betätigungsfeld zurecht finden, selbst wenn sie offenkundig noch gar keine entsprechende Erfahrung sammeln konnten. Aber er schafft vieles mit dem sechsten Sinn und dem zweiten Gesicht.

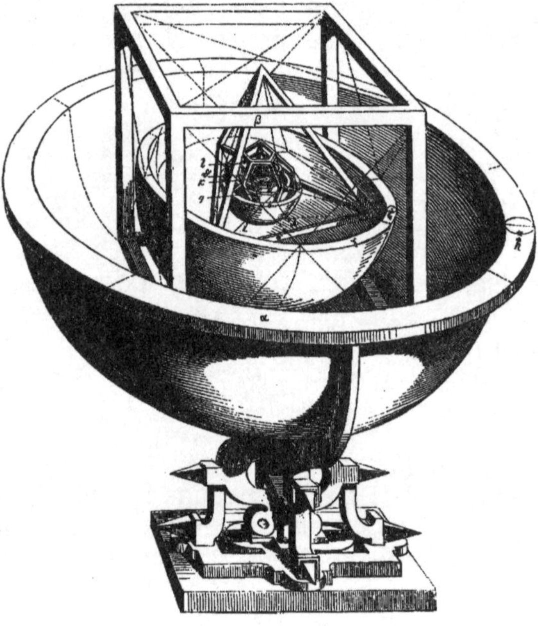

Die Zwillinge in der Freizeit

Urlaub:
Sie brauchen einen Urlaub, der nicht zu anstrengend ist, aber bei dem Sie viel erleben. Am besten dazu geeignet ist natürlich die Großstadt, und dort werden Sie sich auch am liebsten aufhalten. Denn da gibt es jeden Tag, jede Stunde, ja jede Minute etwas Neues zu sehen und zu erleben.

In der Stadt können Sie in Kneipen und Restaurants gehen oder auf Veranstaltungen, Messen und Kongressen Leute kennen lernen, Neues erfahren, mit interessanten Typen plaudern.

Und wenn Sie ein bisschen Ruhe brauchen, dann setzen Sie sich in eine Bibliothek, gehen in eine Video-Kunst-Ausstellung oder ruhen sich auf einer Bank im Park aus. Da kommen Sie sicher gleich ins Gespräch mit Ihrem Nachbarn. Natürlich sind auch Ausflüge in die Natur möglich, aber bitte keine Besteigung des Matterhorns! Radeln Sie, wandern sie in belebten Gegenden, reisen Sie von Ort zu Ort.

Hobbys:
Sie brauchen ein Hobby, bei dem Ihre natürliche (und unstillbare) Neugier befriedigt wird. Wie wär's mit Plaudern („Ratschen") als Hobby? Das können Sie im Kaffeehaus machen, aber auch durch Kurzbesuche bei guten Freunden/Freundinnen (die auch gerne plaudern). Kommunikation ist in Ihren Augen sehr wichtig.

Ganz allgemein liegt Ihnen eine Beschäftigung, bei der Sie sich auf eher spielerisch-angenehme Weise informieren. Lesen Sie Zeitungen, hören Sie den Leuten in der Kneipe zu, gehen Sie auf Partys, Gesellschaften, Vernissagen, Ausstellungen, Messen oder sonstige Veranstaltungen. Vielleicht werden Sie Hobby-Journalist und treiben in Ihrer Freizeit interessante Ereignisse, Personen oder Orte auf, über die Sie in Wort und Bild berichten. Denn Sie sind auch ein guter Fotograf. Der schnelle Schnappschuss, der eingefangene Augenblick, die konzentrierte Information, da sind Sie ein Meister.

Als Zwilling sind Sie besonders geschickt mit Ihren Armen und Händen. Diese möchten sie gerne einsetzen. Daher haben Sie auch Talent als Grafiker. Probieren Sie es mal mit Zeichnungen, Radierungen, oder mit Origami, der japanischen Kunst des Papierfaltens. Vielleicht liegt Ihnen auch das Design von Kleidern, von Stoffmustern oder von Tapeten.

Der Austausch von Neuigkeiten geschieht in unserer Kultur hauptsächlich über Sprache und Schrift. Haben Sie schon einmal Ihre schriftstellerischen Fähigkeiten getestet? Vielleicht macht Ihnen das Briefeschreiben Spaß. Die meisten Menschen freuen sich, wenn Sie Briefe bekommen, denn kaum jemand hat die Zeit (oder Fähigkeit) zum Briefeschreiben. Oder wie wär's mit Börsenberichten und Wirtschaftsnachrichten? Vielleicht schreiben Sie ein Programm dafür oder richten Ihren Heimcomputer mit serieller Schnittstelle entsprechend ein!

Die Zwillinge und ihre Gesundheit

Zwillinge brauchen immer neue Eindrücke, sonst langweilen sie sich. Und Langeweile muss zwar nicht gleich tödlich sein, beim Zwilling aber kann sie zu Krankheiten führen.

Viel häufiger aber tritt das Gegenteil ein. Infolge von Nervosität, Hast und überreizten Nerven (und vielleicht auch, weil er/sie zu viel raucht) kommt es zum Zusammenbruch des Körpers. Organisch kann man nichts feststellen – oder zu viel. Aber die wahre Ursache liegt im Geist und in der Seele.

Darum verlaufen Krankheiten bei Zwillingen eher leicht und akut. Was nicht heißt, dass Zwillinge ihre Leiden leicht nehmen sollen. Es heißt nur, dass sie – bei richtiger Einstellung und Lebensweise – auch leicht wieder gesund werden können. Dazu muss man Zwillinge allerdings ruhig stellen, und das ist nicht ganz einfach.

Die Krankheiten der Zwillinge

Dem Zeichen Zwillinge unterstehen die Lungen, die Arme und Hände, die Schultern und das Nervensystem. Darum entstehen viele Krankheiten, unter denen Zwillinge leiden, durch Nervosität, Unruhe und Hast. Besonders schlimm wird es, wenn sie – wie allzu oft – ihre Nervosität durch Zigarettenrauch besänftigen wollen. Der Rauch legt sich auf die Lungen, und gerade die sind besonders empfindlich. Bronchialkatarrhe, Reizhusten, in schweren Fällen auch Rippenfell- und sogar

Lungenentzündung sind typische Zwillings-Erkrankungen.

Auch der obere Bewegungsapparat, also Schultern, Arme und Hände, sind bei diesem Zeichen gefährdet. Oft gibt es Verletzungen wie Verrenkungen oder Verstauchungen. Nervös wie Zwillinge sind, verletzen sie sich leicht an Messern, Nadeln und Feuerzeugen.

Schließlich sind besonders die Nerven gefährdet. Das kann zu Schlaflosigkeit führen, aber auch zu nervös bedingten Leiden unterschiedlicher Natur. So kann der Magen angegriffen werden, es kann zu nervösen Ticks kommen (Augenzucken) oder innere Organe funktionieren nicht mehr richtig, weil sie von den Nerven zu viele oder die falschen Impulse erhalten.
Hauptorgan aber bleibt die Lunge. Nervosität, nervliche Überlastung (oft selbstverschuldet!) und zu viele Gifte wie Nikotin schlagen sich als Erstes auf die Lunge. Das muss nicht gleich zu einer klinisch feststellbaren Krankheit führen. Genauso gut kann es zu unregelmäßiger Atmung kommen. Der belastbare, aber oft zu viel belastete, unruhige Zwilling kann nicht mehr richtig atmen. Er schnappt nach Luft wie ein Fisch im Trocknen.

Was Zwillinge für ihre Gesundheit tun können

Angemessene Lebensweise:
Jede einseitige Lebensweise ist schlecht. Unregelmäßigkeit ist ebenfalls einseitig. Es macht zwar

Spaß, wie ein Schmetterling von Blüte zu Blüte zu flattern und nirgendwo in Versuchung zu kommen, den Faustschen Spruch – „Verweile doch, du bist so schön“ – seufzen zu müssen, aber irgendwann zehrt das auch an den Nerven und an der Substanz.

Zwillinge müssten sich also zuallererst schonen, sich mal eine Pause gönnen und ein Minimum an Ordnung in ihr Leben bringen. An dieser Ordnung sollten sie aber auch festhalten. Nicht gleich wieder alles über den Haufen werfen, wenn andere Dinge interessant werden!

Manchmal tut es dem Zwilling auch gut, tiefe menschliche Beziehungen einzugehen, sich auf einen Menschen zu konzentrieren, bei ihm zu bleiben. Und nicht zuletzt sollten sich Zwillinge nicht zu viel in geschlossenen Räumen aufhalten. Spaziergänge in frischer Luft tun ihnen gut.

Ernährung:
Zwillinge werden von den Aufregungen des Lebens viel zu sehr abgelenkt, als dass sie Zeit zu einer ordentlichen Mahlzeit hätten. Und genau das ist schlecht für sie. Sie sollten auf jeden Fall regelmäßig und wenig essen. Vor allem abends darf der Magen auf keinen Fall belastet werden. Denn das führt zu Schwierigkeiten beim Einschlafen, zu Alpträumen und zu unruhigem Erwachen.

Genussmittel wie Kaffee sind auch nicht gut für einen Zwillingsgeborenen. Er braucht ohnedies keine Aufputschmittel. Das Leben selbst ist aufregend genug.

Therapien:
In erster Linie brauchen Zwillinge eine Stärkung ihrer Lungen. Atemtherapien tun ihnen gut, auch Yoga und Meditation. Gerade Meditation ist gut zur Beruhigung der Nerven und zur Stärkung der inneren, seelischen Kräfte.

Weil aber Zwillinge gerne reden und Neuigkeiten austauschen, reagieren sie auch gut auf Gesprächstherapien. Darüber hinaus sind sie den feinen seelischen Schwingungen sehr zugänglich. Auf Heilung durch Handauflegen, durch Suggestion, durch seelisch-geistige Mittel sprechen sie an. Nicht zuletzt sind alle Reiztherapien günstig, wie Akupunktur, Fußreflexzonenmassage und Elektrotherapien.

Das homöopathische Mittel für den Zwilling ist Kalium chloratum. Als Tabletten in der Potenz D6 ein- bis dreimal täglich regelmäßig genommen, kann es Wunder wirken.

Die Zwillinge als Kind

Man kann es als sicher annehmen, dass Ihr Junge oder Mädchen ein Leichtgewicht ist. Vielleicht fordert sein graziles Körperchen mit den lang gestreckten Gliedmaßen Ihre Sorge heraus? Das ist gewiss unnötig, denn Zwilling-Babys sind keinesfalls zerbrechlicher als andere Neugeborene.

Sein schlanker Wuchs ist gewissermaßen das Markenzeichen von Merkur, der dieses Frühsommerzeichen beherrscht. Und unter seiner Regentschaft haben Schwere und Vierschrötigkeit keine Chance. Schließlich wäre ja jedes Mehr an Körperfülle gleichbedeutend mit einem Weniger an Beweglichkeit und Wendigkeit.

Wie sehr wendig und beweglich Ihr Baby ist, werden Sie bald bemerken. Seine Ärmchen haben etwas von Ventilatorflügeln an sich, und seiner Beinarbeit ist das festeste Windelpaket samt viel gepriesenem Auslaufstopper kaum gewachsen. Das Allerlebendigste jedoch sind seine Augen. Sein überwacher Blick folgt Ihren Bewegungen, beobachtet das Zimmer und scheint wie ein vorwitziger Finger jeden Gegenstand abzutasten. Dazu kräht es recht munter: Alles Neue und Interessante ringsum macht ihm sichtlich Spaß.

Sobald Sie es hochnehmen, wird alles, was in Reichweite ist, untersucht. Seine winzigen Hände sind überall zugleich, und Sie fragen sich: Hat es wirklich nur zwei? Nicht vier oder am Ende noch mehr? Das kann doch nicht mit rechten Dingen zugehen! Bevor Sie noch Halt rufen könnten, hat es schon sein Fläschchen beinahe zum Absturz gebracht, die Tiefe Ihrer Nasenlöcher erforscht, Sie an den Ohren gezogen, Ihre Halskette verknotet und Ihnen eine brandneue, asymmetrische Struwwelpeter-Frisur verpasst.

Vielleicht schwant es Ihnen nun schon, wie nützlich es gewesen wäre, Ihr systematisches Lauftraining nicht zu unterbrechen. Verlangt doch ein Familienzuwachs von der Zwillings-Sorte seinen Eltern unter anderem eine perfekte Kondition ab. Unsportliche Typen dagegen kommen leicht außer Atem, sobald der kleine Knirps zu krabbeln beginnt.

Tragen ihn seine Beinchen dann einigermaßen, werden in Ihnen Kindheitserinnerungen wach: Eigentlich komisch, dass man damals, beim Fangenspiel, die anderen immer erwischt hat! Jetzt ist das nicht mehr so selbstverständlich, schon gar nicht bei Ihrem Zwilling-Kind! Es ist bereits im Begriff, Ihre Topfpflanzen vor dem Wohnzimmerfenster zu inspizieren, während Sie noch im Kinderzimmer einen hastigen Slalom zwischen Bauklötzen und anderem Spielzeug laufen. Und falls Sie bei der von ihm auf dem Küchenfußboden hinterlassenen Mischung aus Puderzucker, Suppennudeln und Reis zu lange verweilen, fingert es inzwischen am Telefon herum, klettert es auf die Rückenlehne Ihres Ohrenfauteuils oder in die – hoffentlich trockene Badewanne. Sie können von Glück reden, wenn es nicht auch noch Warm- und Kaltwasserhahn aufdreht. Es hängt von der Größe Ihrer Wohnung ab, wie müde Sie am

Abend sind. Quietschlebendig allerdings ist nach wie vor Ihr kleiner Zwilling!

Sind es in den ersten Jahren bloß Ihre Beine, die – neben den Nerven – gehörig strapaziert werden, kommen bald auch Ihre Gehirnzellen an die Reihe. Sie sollten daher Ihre Kenntnisse auf möglichst vielen Wissensgebieten etwas auffrischen und dazu noch ein erstklassiges Lexikon anschaffen. Versäumen Sie das, könnte Ihr Selbstbewusstsein einen empfindlichen Knacks bekommen. Denn die Fragen, die ein Zwilling-Kind zu stellen imstande ist, lassen sich absolut nicht aus dem Stegreif beantworten. Oder können Sie auf Anhieb sagen, warum man die Luft nicht sieht, der Himmel aber trotzdem blau ist? Oder wieso das Gras grün, die Butterblumen gelb, das Feuer heiß und das Wasser nass ist? Werfen Sie bitte nicht das Handtuch und vor allem: Speisen Sie Ihren wissbegierigen Knirps nicht mit billigen Redensarten ab! Bemühen Sie sich wenigstens. Früher oder später kommt er ohnedies dahinter, wo Ihre wunden Punkte liegen, da seiner hervorragenden Beobachtungsgabe fast keinerlei menschliche Schwäche entgehen kann.

Allenfalls können Sie ihn auf die Schule vertrösten: das motiviert ihn zusätzlich und lässt ihn dem ersten Schultag mit Ungeduld entgegensehen. Erwarten Sie keinen großen Trennungsschmerz. Es mag sein, dass Sie als Mutter unbewusst auf ein paar Tränen im Augenwinkel oder einen sehnsüchtigen Abschiedsblick hoffen. Aber das sind Illusionen. Ihr kleiner Zwilling ist zwar nicht gefühlskalt, aber seine Ambitionen gehen eindeutig in die intellektuelle Richtung. Deshalb wird auch der Reiz des Neuen stets alle anderen Regungen in den Hintergrund drängen. Also freuen Sie sich lieber, dass er weder vor der Schule noch vor Lehrern oder Mitschülern irgendwelche Scheu zeigt, und dass es nun andere sind, die seinen Wissensdurst befriedigen müssen.

Anfänglich wird die Begeisterung Ihres Sprösslings grenzenlos sein. Nur leider nimmt sie im gleichen Maß ab, wie der Schulbetrieb zum Alltagstrott wird. Wie schwer ihm das Stillsitzen fällt, wissen Sie ja. Dazu kommt noch, dass man nicht ununterbrochen Fragen stellen darf, sondern seine Aufmerksamkeit einer ganz bestimmten, auf die Dauer ziemlich langweiligen Sache widmen soll. So oder so ähnlich lauten seine Klagen.

Die Klagen der Lehrer betreffen seine Quecksilbrigkeit, Geschwätzigkeit und mangelnde Ausdauer, wenngleich rasche Auffassungsgabe, Redegewandtheit und Vielseitigkeit lobend erwähnt werden. Was seine Phantasie angeht, sind die Meinungen geteilt. Sie reichen vom Enthusiasmus der Deutschlehrerin, die aufgrund blendender Aufsätze in Ihrem Nachwuchs bereits den zukünftigen Bestsellerautor wittert, bis zu gnadenloser Aburteilung als frecher Lügner.

Lassen Sie sich keine grauen Haare wachsen, besonders nicht wegen letzterem. Vermutlich sind Sie schon daraufgekommen, dass Ihr Zwilling-Kind gerne flunkert. Aber ein echter Lügner, der um des eigenen Vorteils willen die Unwahrheit sagt, ist es nicht. Es neigt lediglich dazu, die bisweilen etwas farblose Realität bunt auszumalen. Ein verzeihlicher Fehler, wenn man bedenkt, wie oft auf dieser Welt gelogen und betrogen wird!

Halten Sie sich vor Augen, dass es ein Vorteil ist, wenn jemand die Gabe hat, Farbe in sein Leben und in das der anderen zu bringen. Oder haben Sie etwa den Abend vergessen, als Ihr Fernseher den Geist aufgab? Da war es Ihr kleiner Knirps, der Sie mit seiner köstlichen, beinahe kabarettreifen Parodie des Hausmeisters unterhielt. Mit maßloser Übertreibung, hart an der Grenze zur Lüge, zugegeben. Aber deckt nicht erst sie die volle Wahrheit auf?

Sein komisches Talent und seine Spottlust schaffen Ihrem kleinen Zwilling viele Freunde unter denen, die ungeschoren davonkommen. Er avanciert häufig zum allseits beliebten Klassenclown, der von seinen Mitschülern Beifall erntet. Humorlose Lehrer hingegen verhängen Strafen über ihn.

Tragen Sie's mit Fassung und schelten Sie ihn nicht auch noch! Achten Sie lieber darauf, dass er nach getaner Strafarbeit an die frische Luft kommt. Er muss ordentlich durchatmen können. Das tut seiner Lunge gut und fördert die Ausheilung seiner Bronchitis, die leider in regelmäßigen Zeitabständen wiederkehrt.

Ein anderes Beispiel ist seine Nachtruhe. Er protestiert natürlich, wenn Sie zum Zapfenstreich blasen. Er will noch nicht ins Bett, möchte fernsehen, lesen oder sich mit einem seiner zahlreichen, ständig wechselnden Hobbys beschäftigen. Selbst wenn es manchmal den Anschein hat, als brauche er nicht viel Schlaf – bleiben Sie hart! Ein Kind wie Ihr Zwilling, das andauernd alle Antennen ausgefahren hat, Tausend Dinge wahrnimmt und verarbeitet, verfügt dementsprechend über ein hochempfindliches Nervensystem. Deswegen braucht Ihr Kind Ruhephasen, damit es sich regenerieren kann.

Das umso mehr, als auch die Phantasie Ihres Zwillings ihm manchen Streich spielt: Die Gestalten, die sie bevölkern, machen vor seinen Träumen nicht immer Halt und lassen ihn oft aus dem Schlaf aufschrecken. Ein nervöses, gereiztes und noch unruhigeres Kind ist am nächsten Morgen die Folge.

Es fällt gewiss nicht leicht, bei Ihrem Zwilling den richtigen Ton zu finden. Denn er liebt's kameradschaftlich und will weder beschützt noch bevormundet werden.

Nun, dann freuen Sie sich eben über seine kluge, aufgeweckte Art. Lachen Sie mit ihm, wenn Ihnen danach ist. Seien Sie ihm schon früh ein guter Gesprächspartner. Aber hängen Sie sich nicht an ihn, so schmerzlich das für Sie auch sein mag. Lassen Sie ihn rechtzeitig los! Geben Sie ihm den Weg frei hinaus ins Leben! Dort fühlt er sich wohler als unter Ihren Fittichen. Dann wird er Sie umso bereitwilliger respektieren. Er braucht ein wenig Freiraum. Dann kehrt er auch immer wieder gerne zurück.

Die Zwillinge in der Liebe

Der Zwilling-Mann in der Liebe

Als erster männlicher Vertreter des astrologischen Elementes der Luft steht er den seelisch-emotionalen Gefühlsebenen im Prinzip skeptisch und genau beobachtend gegenüber. Im Grunde ist er, wie auch seine weibliche „Variante“ ein eher gefühlloser Tierkreiszeichenvertreter des mehr verstandesorientierten und beweglichen Luftzeichens der Zwillinge.

Leitplanet ist der flinke, wortgewandte und schlitzohrige Götterplanet Merkur, der im Grunde keinem natürlichen Geschlecht zugeordnet werden kann. Er ist androgyn oder auch zweigeschlechtlich, also ein Hermaphrodit (Hermes = Götterbote, Aphrodite = Venus).

Hier spiegelt sich schon die kosmische Urproblematik dieses gespaltenen Tierkreiszeichens wider. Diese schizoide Tendenz des „Zwei-Seelen-in-meiner-Brust“ ermöglicht es den männlichen Vertretern der Zwillinge, sich in alle Themen und Probleme geistiger Vorstellungswelten sofort und sehr schnell ohne Widerstand einzuarbeiten und sich per mentaler Anschauung alles zu Eigen zu machen.

Für Zwillinge gibt es daher keinerlei geistiges Eigentum, die Gedanken sind frei, und jeder kann das denken, was er will und es auch so gebrauchen, wie er will.

Auch wenn andere meinen sollten, diese damit einhergehenden Ideen und Ziele wären irgendwo her geklaut und nicht auf seinem „Mist“ gewachsen. Das stört unseren Zwillings-Adam nicht im Geringsten. So wie er denkt, so möchte er auch gerne leben, und dadurch wird er automatisch immer in Konflikt mit seinem Gefühlsleben kommen. Aber da er von Geschlecht aus mit männlichen Genen ausgestattet wurde, die den Wesenskräften des feurigen Mars unterliegen, ist dieser seelische Zwiespalt eigentlich gar kein so großes Problem für ihn. „Die Frauen machen daraus das Problem“, würde er jetzt sagen. „Was kann ich dafür, dass sie sich gleich an mich klammern wollen, ich brauch das nicht, mir ist meine freie Wahl der Beziehungen wichtiger, als so eine kleingeistige, einengende, emotionale Zweierkiste.“

In seinem grundlegenden Zwillingswesen ergänzen und fördern sich also die männliche Urkraft (Mars) und die kosmologische Prägung des Elements der Luft (Merkur, Gott der Händler, Diebe, aber auch Zeichen für den Äskulapstab der Mediziner). Denn das Feuer braucht die Luft zum Leben. Und die Luft braucht die emportreibende, idealisierende und verklärende Kraft des Feuers, um nicht in einem Zustand belangloser Gleichmäßigkeit und daraus resultierender Langeweile zu geraten und geistig irgendwo hängen zu bleiben.

Nun, von dieser Warte aus repräsentiert unser Zwilling-Adam schon einen Prachtkerl von einem Mann. Mit geschliffener Zunge weiß er sich „in null Komma nichts“ in die Herzen der Frauen einzuschleichen und deren Weltbild auf den Kopf zu stellen, kurzum ihre Meinungen über Zwillinge gehörig zu revidieren. Aber Achtung, meine Damen, er liebt alle Frauen, ob blond oder braun. Denn er liebt die Liebe als Spiel und nicht als Aufgabe für Nachkommen.

Er ist also der große Verführer, möchte mit jeder gut aussehenden Frau am liebsten gleich zur Sache kommen und sich am nächsten Morgen gleich wieder ins nächste Abenteuer stürzen. „Irgendwann werde ich diese Sache mit den Gefühlen in den Griff kriegen, ich muss aber noch ein bisschen üben“, wird er derjenigen Frau erklären, die ihn zur Rede stellen will. Ja, und so kann sich unser Held ganz schön in die Brennnesseln setzen, falls es sich in seinem Bekanntenkreis herumspricht, dass er immer noch am Üben ist.

Bis er eines Tages die Liebe seines Lebens trifft, die ihn Kopf und Kragen kostet, weil er es im ersten Moment gar nicht bemerkt hat, wie hochbrisant das Ganze ist.

Jetzt hechelt er ihr, wild mit den Armen herumgestikulierend, hinterher, bittet sie auf Knien händeringend um Vergebung, natürlich nicht ohne sich vorher versichert zu haben, ob auch genügend Öffentlichkeit vorhanden ist.

Ein ausgesprochener Casanova also, der auf erstklassige Flirts steht. Den moralisierenden und lamentierenden Frauen dieser Welt kehrt er den Rücken zu.

Er sehnt sich nach einer Vielzahl von eleganten und gebildeten Damen, die seine Eroberungsbandbreite täglich erweitern helfen, die ihn aber auch nicht im Geringsten mit irgendwelchen obskuren Ansprüchen und Eifersüchteleien belasten.

Ein guter Freund, ein Kumpel – mehr will er nicht sein im Kampf der Geschlechter. Im Grunde verabscheut er es, zu kämpfen. Lieber windet und trickst er, bis sich alle Balken biegen und er ans Ziel gelangt.

Hat er sein Ziel erreicht, ist ihm gleich wieder langweilig, und er peilt sein nächstes Opfer an. Ein männlich frischer bis hektisch rotzfrecher Lauselümmel in Sachen Liebe, wer darauf steht, kommt voll auf seine Kosten und kann sich mit ihm wirklich ausgiebig und erfüllend vergnügen.

Die Zwilling-Frau in der Liebe

Im Gegensatz zu ihrem männlichen Pendant hat es eine Merkur-Lady ungleich schwerer, die geschlechtlich unspezifische Prägung der Zwillings-Kräfte mit ihrem weiblichen Körper wie auch mit Geist und Seele immer auf einen Nenner zu bringen.

Von Natur aus den harmonischen und bindenden Venus-Energien ergeben, muss sie sich von Geburt an mit diesem hin und her flitzenden Hektiker Merkur auseinandersetzen, der ihr andauernd etwas anderes mal ins rechte mal ins linke Ohr flüstert. Eine typische Zwilling-Frau ist daher gerade in jüngeren Jahren im Umgang mit ihrer Weiblichkeit sehr verunsichert.

Auch hier sehen wir daher einen längeren seelisch-emotionalen und sexuellen Reifungsprozess. Wir sind alle sehr ungerecht, wenn wir dann einer Zwilling-Frau ihre typische, weibliche Zwillingslaufbahn als ein Lotterleben vorwerfen. Im Grunde steht sie über solchen Vorwürfen. Die Meinungen anderer über ihr Privatleben hindern sie nur in den seltensten Fällen, das zu tun, für das sie Spaß und vitale Freude empfindet.

Sie beherrscht auch die große Palette der gekonnten „Anmache“ und kann sich unter den erwartungsvollen Augen der Männerwelt ausgesprochen wohl fühlen. Bestes Beispiel einer vollendeten, aber auch tragischen Zwilling-Eva ist Marylin Monroe. Sie hat dieses Spiel ganz und gar ausgereizt. Es war ihr spielerischer Höchsteinsatz, sich allen Reizen und Anregungen dieser Welt gänzlich hinzugeben.

Aber es wird nicht bei allen Zwilling-Frauen alles so heiß gegessen wie es gekocht wird. Dies würden sie nervlich nicht lange aushalten. Das ist aber gerade für unsere Merkur-Lady ihre kosmische Schwachstelle: ihr allzuleicht aus der Fassung zu bringendes Nervenkostüm. Hier braucht sie auf Dauer einen verständnisvollen und beruhigenden, männlichen Einfluss, der aber auch genügend vitale Spannkraft haben sollte, ihren sinnlich-sexuellen Ansprüchen entsprechen zu können.

Ein nicht leichtes Unternehmen. Dafür wird ihrem Helden und Auserwählten ein anregendes und immer wieder neues Liebeserleben sicher sein. Aber so ganz wird sie sich nie in ein gemachtes Heim integrieren können, sind doch die ständig neuen, vibrierenden Anregungen einer sich schnell verändernden Außenwelt das Salz und die Würze in ihrem Leben.

Sie braucht den ständigen Kontakt mit dem Puls der Zeit; denn Zwillinge brauchen überhaupt dieses ewige Geben und Nehmen von Verständnis, die umfassenden Kommunikationen auf allen Ebenen des Seins. Dann wird sich auch unsere Zwilling-Eva immer wieder auf ihren großartigen Unterstützer und Förderer besinnen und mit frischen, neuen Ideen und Anregungen zu ihrem Helden zurückkehren.

Sie braucht also einen großen Freiraum in dem Innigsten aller Spiele, das da heißt: die große Liebe. Es ist nur solange die große Liebe für sie, bis sie das Gefühl hat, noch lange nicht alle Möglichkeiten ausgeschöpft zu haben. Ihre Ansprüche an Besitz, Glanz, Gebrauch und Verbrauch materieller wie auch ideeller Güter ist daher nicht so ausgeprägt wie z.B. bei einer typischen Stier-Vertreterin, die mehr im materiell-sinnlichen Bereich ihre kosmischen Talente hat.

Also können wir davon ausgehen, dass unsere Zwilling-Eva einen weitgefächerten und gebildeten Intellekt hat, den sie gekonnt und gezielt in ihrem Liebesleben einsetzen wird. Einem ungebildeten Mann wird sie sich nicht hingeben, es sei denn, seine Qualitäten liegen auf anderen Gebieten.

Eine Prinzipienreiterin ist sie alle Mal nicht. Elastisches Anpassungsvermögen an alle widrigen Lebens- und Liebesumstände zeichnen eine reife und lebenserfahrene Merkur-Lady aus. Für allzu sensible und zögernde Männer ist sie wirklich nicht die beste Partie, es sei denn, sie schreibt gerade eine Doktorarbeit über „Das sexuelle atypische Dominanzverhalten der männlichen Spätgeborenen in einer dominant matriarchalischen Familienstruktur im Hinblick auf deren Sozialisierung in einer Patriarchats-Gesellschaft“. Mit weniger gibt sie sich nicht zufrieden, und alles, was ihr an Interessantem begegnet, wird von ihr als ein Studienobjekt angesehen. Das macht sie in Liebesangelegenheiten so herrlich unpersönlich, aber auch so aufreizend interessant.

Möchte doch gerne jeder männliche Held mal ihr Studienobjekt sein. Natürlich versteht sie auch ihre hingebungsvolle weibliche Seite ins Spiel der Partnerschaft einzubringen, wenn sie sich sicher ist, dass sie damit den besten männlichen „Brocken“ für sich gewinnen kann. Wer vor hat, ihre Freiheit einzuengen, wird kein Glück bei ihr haben, und sie wird ihm durch die Finger schlüpfen und schnell das Weite suchen.

Unsere Zwilling-Eva ist also eine ideale Frau, wenn es darum geht, eine offene, unbesorgte und gelassene, heitere Zweierbeziehung einzufädeln, deren gegenseitige Ansprüche sich nicht so sehr aus dem sinnlich-sexuellen Bereich rekrutieren.

Die sinnliche Würze des Lebens soll das irdische Fundament einer hochgeistigen und spirituell-förderlichen Vereinigung zweier aufmerksamer Persönlichkeiten sein, die die wilde, frische Ungebundenheit des Willens und des Geistes auf dieser Erde gemeinsam genießen wollen.

Der Zwilling-Mann und seine Partnerinnen

Zwilling-Mann und Widder-Frau
Das könnte der große Treffer sein. Hier vereinigen sich die reiche Vielfalt der Lebensgestaltung eines Merkur-Adams mit der frischen, herben Spontanität einer feurig-schönen Amazone.

Genau die Art Frau, die unser vielseitiger, quirliger Held braucht. Beide können sich in dieser kosmischen Kräftekonstellation so richtig nach Herzenslust gegenseitig im besten Sinne aufheizen. Auch wenn es knistert und kracht, angesichts der vielen unbegreifbaren Reibereien und Auseinandersetzungen, ist die Lust am gemeinsamen Tanz um das Feuer der Leidenschaft voll entfacht.

Natürlich wird es auch immer zu Problemen und Konflikten kommen können. Bei deren vermehrtem Auftreten wird sich einer von unseren Liebespartnern auf Dauer aus dieser Beziehung lösen. Beiden ist ein Ende mit Schmerzen lieber als Schmerzen ohne Ende.

Und bei ihr kann sich unser heldenhafter Luftikus abschauen, was es heißt, einen unmissverständlichen, eindeutigen Willen zur Tat zu haben. Und die stolze Widder-Lady lernt bei ihm die oft weniger schmerzhafte Tugend des gewitzten, diplomatischen Nachgebens im Moment des Anspruchs, eine Taktik, die sie überhaupt nicht beherrscht, rennt doch so ein Widder lieber mit dem Kopf gegen die Wand, als auch nur einen Millimeter nachzugeben.

Eine für beide Seiten also äußerst belebende und sinnlich erfüllte Lebenszeit, deren zusammengetragene Weitsicht und freiheitliche Garantie dem anderen gegenüber eine vollendete, individuelle Persönlichkeitsentfaltung beinhaltet. Ein kosmisches Paar also, dessen jugendliche und ekstatische Ausstrahlung positiv auf die Umgebung wirkt.

Im Herbst ihres gemeinsamen, ereignisreichen Lebens können sie sich gelassen und erfüllt in die Augen schauen: Ihr Lebensbuch, die Seiten prall gefüllt mit Lebenslust, liegt aufgeschlagen vor ihnen.

Zwilling-Mann und Stier-Frau

Was in dieser Beziehung stören könnte, ist die unterschiedlich schnelle Auffassungsgabe. Bis sie merkt, was er überhaupt mit ihr vorhat, hat er auf Grund des fehlenden „Feedbacks“ schon wieder eine Neue ausgespäht. Wenn es trotzdem zu einer länger dauernden Bekanntschaft kommen sollte, wird es häufig zu vermeidbaren, kleineren Missverständnissen kommen.

Ist er ihr doch immer um Meilen voraus, wenn es um Verstehen und Interpretieren von größeren und komplexen Themen geht, sie wird ihm darin hinterher hinken und dadurch die gesamte Eigendynamik dieser Luft-Erde-Kombination entscheidend verlangsamen.

Wenn sie dazu nicht viel zu sagen hat, weil sie immer noch darüber nachgrübelt, wer nun was und wieso und warum nicht, wird es unserem wendigen Verstandes-Sportler mit der Zeit garantiert keinen Spaß mehr machen, ihr andauernd auf die Sprünge zu helfen.

Wenn sie nicht dieses weibliche Etwas hätte und dazu diesen wohlproportionierten Körper, wäre er schon viel früher abgehauen; so genießt er ihre sinnliche Aura und ist mit Gedanken bei einer anderen.

Also, eine etwas schwierige Partnerschaft, in der es vor lauter Problemchen nur so wimmeln kann. Denn unsere gründliche Stier-Lady nimmt nun mal alles für bare Münze, was er ihr im Laufe des Tages so erzählt und wird (s)tierisch ernst, vor allem wenn sie merkt, er meint ja alles gar nicht so, wie er es von sich gibt. Dieses ewige Beruhigen kostet ihm den letzten Nerv. Im Großen und Ganzen also eine etwas problematische Verbindung.

Zwilling-Mann und Zwilling-Frau

„Hoppla, Entschuldigung, dass ich Sie eben angerempelt habe, die Sektflecken wird man nicht sehen..." Kurz darauf ist die ganze Party vergessen, und unser blitzschnelles Pärchen vergnügt sich, sich über Gott und die Welt unterhaltend, am kalten Buffet.

Ein flinkes Wort gibt das andere. Er findet sie hinreizend süß und sexy, und sie genießt die elektrifizierenden Wortspiele, mit denen er ihre Einwände pariert. Außerdem ist er flott angezogen und sieht so aus, als ob er viel Sport treibt. Wenn sie nicht verheiratet ist, bzw. ihr Freund „zufällig" nicht auf dieser Party ist, wird alles schon so laufen, wie es sich die beiden Turteltauben gegenseitig zuspielen. Irgendwann mal später wird man dann bei ernsteren Gesprächen hören, dass er/sie ja gar nichts von ihr/ihm wollte.

Man wird also versuchen, die Verantwortung dem anderen in die Schuhe zu schieben. Überhaupt, was heißt hier eigentlich Verantwortung, jeder ist alt genug, das zu tun, was ihm Spaß macht...etc. (Originalton Zwilling).

So nett und spielerisch einfach dieses Liebesabenteuer startet, so zerrüttet geistig und seelisch kann es urplötzlich wieder enden. Hier fehlt es beiden an genügend seelischer und emotionaler Substanz, um die natürlich entstehenden Durststrecken zu überstehen. Laufend sind beide Merkurianer damit beschäftigt, sich endlos Gedanken darüber zu machen, ob der andere einen noch wirklich liebt.

Im Grunde sind zwillingsbetonte Menschen wie kleine Kinder, die einfach in ihrem ureigensten Spiel voll aufgehen und dabei die harte Wirklichkeit überwinden wollen.

Dass es sich hier in dieser Luft/Luft-Beziehung um eine geist-, gedanken- und vorstellungsorientierte Partnerschaft handelt, ist verständlich. Leider wird dadurch oft zu viel zerredet. Also, viel Palaver um nicht allzu viel, oder doch mehr...?

Zwilling-Mann und Krebs-Frau
Nun, hier sieht es schon wieder ganz anders aus. Er findet bei diesem zarten und einfühlsamen Mond-Mädchen garantiert ein offenes Ohr für seine wildesten und verrücktesten Ideen. Erlebt sie doch nicht minder Abstruses in ihrem wechselhaften Seelenleben, besonders bei Vollmond. Natürlich kann er ihr das alles ganz wissenschaftlich erklären, greift sie so nebenbei ganz zart um die Hüften und bietet ihr seinen Halt an.

Dankbar, ob des verständnisvollen Eingehens auf ihre weibliche Problematik lässt sie den agilen Helden ihrer Träume gewähren. „Wird er es sein, mein geliebter Prinz, mein holder Gatte, der Vater meiner Kinder?“ – Doch halt, falls er von ihrem inneren Monolog Wind bekommt, sträuben sich seine Nackenhaare, und er sucht meist das Weite, ohne auf Wiedersehen zu sagen.

Versteht sie aber, ihren inneren Anspruch an die Männerwelt geschickt vor ihm zu verbergen, kann sie sich ihn, mal ganz hart ausgedrückt, seelisch gefügig machen. Und er wird sich wundern, auf was er sich da eingelassen hat, denn Krebs-Frauen haben ein fast unwiderstehliches, weiblich-intuitives Machtgefüge über andere Seelen.

Durch sie hat er die Chance, Einblicke in seine unausgegorenen Seelenverhältnisse zu bekommen und endlich damit anzufangen, seinen Bedürfnissen und Ansprüchen Genüge zu tun. Etwas, vor dem er immer wieder davon läuft.

Seine fadenscheinigen Schutzbehauptungen wird sie auch nicht so ernst nehmen. Nun, auf Dauer wird es beiden keine so große Freude mehr bereiten, den andern mit Worten bzw. mit Gefühlen zu überzeugen.

Eine mehr lernorientierte und horizonterweiternde Bekanntschaft, deren innige Dauer weitest gehend von geistiger und seelischer Toleranz abhängt. Es sei denn, der Funke der Herzensliebe ist so stark, dass er die beiden getrennten Erlebnissphären von Luft und Wasser überwindet.

Er zeigt ihr die mögliche Vielfalt geistiger Anschauungen und die gelebte Leichtigkeit eines umfassenden Wissens, und sie schenkt ihm endlich ein Stück von ihrer Seele, auf dass er ein organisches Ganzes werde.

Zwilling-Mann und Löwe-Frau
Hier hat er nun endlich seine Königin gefunden. Mit ihrer stoischen Würde übergeht sie freundlich und überhaupt nicht nachtragend seine vorwitzigen Eskapaden, lächelt ihn milde an und reicht dem flotten Prachtburschen ihre Hand, auf dass er doch neben ihr auf dem Sofa Platz nehmen solle.

Dankbar und ergeben greift er natürlich sofort zu. Falls er sich schon in seinem abwechslungsreichen Leben die Hörner etwas abgestoßen hat, ist er wirklich bei unserer eleganten Löwe-Dame gut aufgehoben. Denn sie bietet ihm eine ethischmoralische Stütze in all seinem Denken und Tun. Sie hat das Gespür für die rechte Tat und weiß am besten, wie man andere für sich an der langen Leine arbeiten lässt.

So wird also sein verwickeltes Leben in eine geplante und wohl durchdachte Strategie der äußeren wie inneren Karriere münden, hinter der ihre königliche Majestät, die Sonnenherrscherin, waltet und schaltet.

Hier ergänzt sich die menschenfreundliche, feurige Herzensglut einer Löwen-Frau mit dem Streben des Zwilling-Mannes nach umfassendem Austausch der Vorstellungswelten. Ihre warme, einfühlsam-tolerierende Art und Weise, das Leben zu meistern, wird auf ihn abfärben. Seine vielfach verstrickten, gefühlsarmen Gedankengänge können so zu höheren Ebenen des menschlichen Seins aufsteigen.

Zwilling-Mann und Jungfrau-Frau

Auf den ersten Blick wird sie nicht allzu viel von ihm halten. Er ist ihr einfach zu großmaulig, und seine Thesen und Standpunkte sind ihr zu haltlos und unüberlegt. Wenn da nicht dieses glitzernde, geheimnisvolle Etwas wäre, das zwischen seinen Worten schimmert. Es ist diese unbedarfte und kindlich erfrischende, flinke Mehrdeutigkeit von Verstehen, Erkennen und Sehen, die sie so anziehen an unserem Zwillingsmann.

Ist sie im Grunde ja auch ein merkur-betonter Mensch, der aber im Zeichen der zu vernünftigen und mehr pragmatischen Jungfrau durch den

Einfluss des astrologischen Elements Erde gebremst wird.

Sie liebt eigentlich das absolut korrekte und verantwortliche Verhalten auf allen Ebenen des zwischenmenschlichen Austausches, und da kommt so ein lauter, ungehobelter Verbalheld daher und versucht ihr, gerade ihr, wo sie doch in Germanistik und korrektem Sprachverhalten „top“ ist, etwas zu erklären. Nun, wenn beide diese Anfangsphase überwinden können, werden beide mit Erstaunen feststellen können, dass es noch etwas anderes in der Welt gibt, als nur Verbalakrobatik.

Zwilling-Mann und Waage-Frau
„Holla, welch beeindruckende Erscheinung, und wie formvollendet sie sich bewegt, da ist ja Musik drin“ – und unser Merkur-Held wird alles in Bewegung setzen, um sich ihr als ein lohnenswertes, männliches Objekt zu präsentieren.

Meist wird ihm das auch ziemlich einfach gelingen, leben doch beide vom Glanz und Effekt der abwechslungsreichen Äußerlichkeiten; und beide können sich gekonnt vorspielen, sie wären Adam und Eva, oder auch Romeo und Julia, wenn es etwas dramatischer sein soll.

Nun, andere durchgeistigtere Charaktere werden von diesem Pärchen nicht allzu viel halten, fehlt es dieser bodenlosen Luft/Luft-Beziehung doch an gefestigter, seelischer Stabilität.

In dieser kosmischen Konstellation bringt der nach seelischer Harmonie und Ausgleich strebende Venus-Einfluss der Waage-Eva den entscheidenden Impuls für unseren Hektiker, sich mal gründlich bei ihr umzusehen: Hier kann er sich ausruhen und wieder neue geistige Kraft schöpfen.

Und wenn er seinen spielerischen Wirrwarr im Kopf in reife Mannestaten umwandeln möchte, findet er gute und aussichtsreiche Ideen und Vorschläge bei ihr. Eine gelungene Partnerschaft solange, bis einer nach einem andern schielt.

Zwilling-Mann und Skorpion-Frau
Nun, so ein rassiges Vollblut-Weib hat ihm gerade noch in seiner Sammlung gefehlt. Unüberlegt und von keinem vorgewarnt stürzt er sich in das vermeintliche Vergnügen. Natürlich wird es genau umgekehrt sein; solch einen elektrifizierenden Burschen hat unsere Skorpion-Eva schon lange nicht mehr in die Finger bekommen. Man könnte das nun zu erwartende Spiel mit einer Motte, die um eine Glühbirne herumschwirrt vergleichen.

Doch hat unser Held gute Chancen, nicht vom verglühenden Feuer der Leidenschaften aufgezehrt zu werden, wenn er es schafft, in ihre unbeirrte Ich-Haftigkeit, die zwillingshafte Saat der Gegensätzlichkeit und Gespaltenheit aller Erlebnisformen zu säen.

Mit diesem geistigen Kontrollinstrument des ewigen Misstrauens allem Erlebten gegenüber könnte es unser merkurianischer Held schaffen, ihre allzu sinnlich-verstrickende Wollust in erstrebenswerte, energetisch neutralere Ebenen der Anschauung zu verwandeln.

Wenn er sie wirklich liebt, ist das alles kein Problem, ansonsten könnte daraus ein richtiges Gemetzel von Leidenschaft und Begehren, von ätzenden Vorwürfen der vermeintlichen Heuchelei werden. Aber spätestens dann ist für unseren Freidenker sowieso alles gelaufen.

Zwilling-Mann und Schütze-Frau
Hier herrscht eine energiegeladene Anziehung. Ist sie doch der Inbegriff einer lebendigen, emanzipierten und weiblichen Weltanschauung, für die gerade ein Zwillingsherz immer vollstes Verständnis hat.

Klartext: Er begehrt sie mit Haut und Haar. Und da fangen schon die Schwierigkeiten an. Denn die gelebte Freiheit im Umgang mit Menschen möchte die entwickelte und reife Schütze-Frau auf gar keinen Fall jemandem opfern. Doch das verlangt er gerade von ihr. Er kann überhaupt nicht zusehen, wie sich auch andere männliche Wesen um sie bemühen.

Blanke Eifersucht ist hier die kosmische Sollbruchstelle. Sie wird ihm laufend irgendwelche Vorträge über Freundschaft, Weltoffenheit und Toleranz halten. Aber da liegt sie ein wenig falsch. Es muss schon etwas für ihn dabei herausspringen, wenn er mit vollem Einsatz spielen soll, schließlich besteht doch die ganze Welt aus Geben und Nehmen. Wenn sie nicht auf ihre „Allüren" freiwillig verzichtet, prallen Anspruch und Wirklichkeit aufeinander und werden mit der Zeit immer weiter auseinander klaffen. Keine leichte Sache...

Zwilling-Mann und Steinbock-Frau
Hier können wir getrost davon ausgehen, dass sich eine größere Affäre wohl in den seltensten Fällen von selbst entwickeln wird. Es sei denn, es liegen für beide Tierkreiszeichenvertreter entscheidende Vorteile in dieser seltenen kosmischen Konstellation.

Was unseren flotten Freund an ihr reizen könnte, ist diese Hartnäckigkeit und Zielstrebigkeit ihres Wollens und Handelns. Das sind Talente, derer er bei sich selbst nicht so schnell habhaft werden kann. Nun, dafür muss er aber auf die duftig lockere Lebensweise verzichten, deren anscheinende Oberflächlichkeit den Geschmack von Unausgeglichenheit und Heuchelei bei unserer spröden und tugendhaften Steinbock-Lady aufkommen lassen kann.

Ja, und sie macht auf ihn den Eindruck, seelisch und sexuell verklemmt zu sein. Und das sind nun wirklich nicht die besten Voraussetzungen für eine dynamische und erfrischende Beziehung, nach der unserem Merkur-Helden meist der Sinn steht.

Hier können beide wieder etwas voneinander lernen, aber eine großartige Show wird das nicht werden, bringt sie doch jeden verzweifelten Versuch unseres Zwilling-Adams, sie mit allerlei köstlichem Unsinn zum Lachen zu bringen, mit einer spröden Zwischenbemerkung zu Fall. Gut wäre es, wenn er ein doppelzüngiger Winkeladvokat wäre, den sie auf Grund irgendwelcher missglückten Geschäfte, trotz aller moralisch-ethischer Bedenken unbedingt braucht. Dann hat er sie...

Zwilling-Mann und Wassermann-Frau

Dies ist eine der selteneren Beziehungen im kosmischen Rad der zwölf Tierkreiszeichen. Denn ob ein nicht greifbarer Luftikus einer nach emotionaler Sicherheit und persönlichen Extravaganzen strebenden Wassermann-Frau auf Dauer genügt, ist zu bezweifeln.

Und er sieht in ihr dieses angespannte Verlangen, die Beste aller Frauen dieser Welt zu sein, – sei es auf intelektuellem oder auf sinnlich-emotionalem Sektor. Ihr geistiges Machtstreben ist schier grenzenlos; so ein wendiger Typ von Mann wäre auch nur ein Meilenstein auf ihrem Weg zu sich selbst. Und da will sie unbedingt hin. Wie und wann ist erst einmal unwichtig. Hauptsache die Richtung stimmt. Ja, und da kann ihr unser liebenswerter Gentleman aus dem Geschlecht der Merkurianer auch nicht so recht helfen.

Nein, hier ist die Entlohnung für die geistigen Strapazen eines Zwillings-Adams in dieser Partnerschaft zu gering und gefühlsmäßig zu glatt, als dass es sich wirklich lohnen würde, ihr Wesen von Grund auf umzumodellieren. Das ist ihm viel zu viel beinharte Psychoarbeit; es sein denn, sie ist eine Augenweide von einer Frau und ihre weiblichen Vorzüge stehen weit jenseits aller Kritik, – ja, dann sähe die „Sache“ schon etwas besser aus, aber er spielt nicht gern das Arbeitstier.

Diese Partnerschaft könnte nur dann in friedliche Gewässer driften, wenn er ihr nicht zu nahe rückt und sie auch mal öfters allein mit ihren Überlegungen und Vorhaben lässt. Und sie müsste sich schon ein wenig mehr mit persönlicher Kritik an ihm zurückhalten, denn die würde er auf Dauer nicht aushalten. Mit diesem Verhaltenskodex wären im Großen und Ganzen die äußeren Verhältnisse gestaltet, um zu einer ergiebigen und andauernden Freundschaft zu kommen, deren Sinn und Erfüllung mehr im hochgeistigen, freiheitlichen Austausch liegt.

Und was Erotik und Gefühlsleben betrifft, so sind getrennte Wohnungen und spontane Ereignisse vorzuziehen. Dann trägt sich diese Beziehung fast von alleine.

Zwilling-Mann und Fische-Frau
Irgendwie fühlen sich beide voneinander magisch angezogen. Denn jeder erkennt in dem anderen bekannte Strukturen und Gesetzmäßigkeiten.

So erkennt der Zwilling-Mann in unserer liebreizenden Fische-Eva das gleiche Chaos und die gleiche dahinfließende Bewegung in ihrem Gefühlsleben. Und sie sieht ihre seelisch und emotional wenig geformte Vielfalt und Sensibilität abwägender Geistesvielfalt widerspiegelt. Man versteht sich, ohne ein Wort miteinander zu wechseln. Eine wunderbare Angelegenheit. Sie liebt es, unbeschwert in den Tag hineinzuleben und er findet es genauso toll, sich ohne Hintergedanken einfach treiben zu lassen.

Beide sind vollendete Lebenskünstler auf ihren Spezialgebieten: die Fische-Maid auf seelisch-emotionaler und sinnlicher Ebene. Unser begeisterter Schnelldenker ist von kindlich-spielerischer Gemütsnatur geprägt und ein Meister, spontan aus der leeren Hand zu leben. Mit nichts alles erobern, das ist seine Devise, und unsere Fische-Esmeralda wird ihm darin nur zustimmen können.

Die Zwilling-Frau und ihre Partner

Zwilling-Frau und Widder-Mann
Laut klassischer Astrologieaussagen über Partnerschaftsverträglichkeiten ist diese kosmische Konstellation eine ideale Verbindung zweier Menschen. Denn unsere flinke Zwilling-Lady hat das Talent, diesen feurig-dynamischen Herzensbrecher immer wieder aufs Neue für sich zu begeistern. So kommt er kaum auf andere Gedanken, und er wird sie Zeit seines Lebens umschwärmen und ihr gnädiger Diener sein wollen.

Doch Spaß beiseite, so wird es sich wohl nicht abspielen, denn ein anständiger, männlicher Kämpfer aus dem Geschlecht der Marsianer wird sich nie so direkt unterordnen. Natürlich wird das unsere Merkur-Eva schon früh genug mitbekommen und ihre gesamte Verhaltenstaktik darauf abstimmen.

Aber dies gelingt ihr nur, wenn sie ihm wirklich erobern- und begehrenswert erscheint. Und das wird sie auch in den meisten Fällen sein. Stellt doch so eine flotte Zwilling-Frau den Inbegriff einer jungen und frischen Weiblichkeit dar. Sie lässt dem erregenden Moment der Begegnungen im Hier und Jetzt mehr Bedeutung zukommen, als der regelmäßigen Sicherheit eines geordneten Gefühlsaustausches.

Sie wirkt also im wahrsten Sinne des Wortes reizend auf unseren wackeren Widder-Helden. Natürlich kann sie ihrem dynamisch-agilen Widder-Adam viele neue und interessante Reize bieten.

So können wir hier also von einem abwechslungsreichen und spontan-intensiven Partnerschaftserlebnis ausgehen. Das Unverkrampfte dieser Zweierbeziehung von beweglicher Luft (Zwilling-Frau) und erzeugendem Feuer (Widder-Mann), resultiert auch daraus, dass sich beide nicht fest binden wollen.

Dies würde den beiden so spontan lebenden Tierkreiszeichenvertretern auch im ersten Moment gar nicht einfallen. Schön, wenn sich beide auch nach längerem, intensiven Zusammenleben, immer wieder frisch verliebt in die Augen schauen können.

Zwilling-Frau und Stier-Mann
Dies ist wohl eher eine Liebesaffäre, die unsere Zwillings-Eva erst in reiferen Jahren ihres bewegten Lebens in Augenschein nehmen wird. Er ist ihr, in ihrer jungen und nach lebendiger Vielfalt strebenden Phase der weiblicher Ichfindung, viel zu langsam, behäbig und melancholisch. Seine geistige Schwermut und seine emotionale Gebremstheit bieten ihr im ersten Augenblick wirklich keine neuen Anregungen und reizvollen Impulse.

Sie wird ihn also in jungen Jahren einfach links liegen lassen bzw. ihn in seiner gelassenen und beruhigenden, stoischen Art gar nicht erst bemerken. So sehr sind die Erlebnissphären von Luft (Zwilling) und Erde (Stier) verschieden. Aber wenn sie die Nase voll hat von all den Papagallis und Gigolos, von all diesem nervigen und seelenaufreibenden Techtelmechtel mit den Herren dieser Schöpfung, wird sie sich nach seinen starken Armen sehnen und seine Gleichmut den Dingen gegenüber überaus bewundern.

Zwilling-Frau und Zwilling-Mann
Wenn es hier zu einer längeren Verbindung kommen soll, brauchen beide ihre individuellen Freiräume, in denen sie sich ohne Einfluss und Kontrolle bewegen und verwirklichen können. Denn in dieser kosmischen, energetischen Persönlichkeits-Konstellation von Luft und Luft, also Geist und Geist, ist diese Überbetonung eines astrologischen Elementes meist nur sehr schwerlich zu handhaben.

Natürlich lieben sie sich und finden den anderen auch wirklich anregend und attraktiv, aber manchmal geht man sich fürchterlich auf den Wecker. Hier wird einfach zu viel geredet, gedacht, geplant und wieder verworfen: heute die Meinung, morgen schon wieder eine andere, die Arbeit gefällt einem nicht mehr, das Kino gestern Abend war auch schon mal besser gewesen, überhaupt – „wie siehst denn du heute wieder aus, ich merk ja gar nicht mehr, ob du mich noch liebst, du machst dich ja nur über mich lustig ..." usw.

Das hält auf Dauer kein normaler Mensch aus, dieses ständige, geistig aufgedrehte Beobachten und Wahrnehmen und Bewerten. Aber keine Bange, zwillingsbetonte Menschen sind darin wahrhafte Weltmeister.

Was in der Begeisterungsphase ihrer Liebe so einfach aussieht, kann auf Dauer nur mit gerechter und freigiebiger Eigendisziplin gelöst werden.

Und falls es mit einem Zwilling-Mann wirklich nicht gut gehen sollte, so wird das unsere lebhafte Merkur-Eva auch nicht aus der Bahn werfen. Hat sie doch auch auf ihrer eigenen Lebensbahn ein exzentrisches Kurvenverhalten.

Man wird sich in guter Freundschaft trennen und sich auch bestimmt das eine oder andere Mal wieder sehen, denn alle Zwillinge freuen sich über breitgestreute und interessante Kontakte. Sie pflegen, nicht unähnlich den Schützen, das lockere und verständnisvolle zwischenmenschliche Verhältnis. Eine Partnerschaft also, in der beide Seiten, auch bei nur kurzer und intensiver Begegnung, Neues über sich und die Welt lernen können.

Zwilling-Frau und Krebs-Mann

Nun, hier begegnen sich zwei im Grunde völlig wesensfremde Menschen. Unsere Zwilling-Eva mit ihrem aktiv, nach außen in die Welt gerichteten Forscherdrang und unser passiv introvertierter und nach mütterlicher Geborgenheit suchender Mond-Mann aus dem Geschlecht der scheuen Krustentiere.

Eine denkbar miserable Ausgangsbasis für eine Liebesaffäre! So wird sie ihn auch geflissentlich bei ihren „weltlichen Studien“ einfach übersehen und ihn links liegen lassen. Was ihn fürchterlich ärgern und verunsichern wird.

Denn unser angeblich so scheuer und zarter Held hat sie schon länger ausgespäht und sie für wert gefunden, sein Heim mit ihr teilen zu dürfen. Nun, das Tragische ist, dass er meint, irgendwie müsste sie seine Seelenstimmung schon wahrnehmen. So wartet er sehnsüchtig und vergebens auf Zeichen und Signale von ihr, die ihm erlauben sein Vorhaben bei ihr vorzutragen. Dieses atypische Verhalten des männlichen Krebses, hängt mit seinem kosmischen Talent der mondhaft intuitiven Kraft zusammen.

Krebse ahnen, fühlen und sehen daher Zusammenhänge und Verbindungen, lange bevor andere, weniger begabte, etwas von diesen Stimmungen und Strömungen mitbekommen.

Das ist typisch weiblich. Deshalb hofft er auch sehnsüchtig, dass sie seine Botschaft der Liebe intuitiv wahrnimmt. Aber unsere Zwilling-Dame ist erst auf dem Weg zu einer vollendeten Frau und ihr „Empfangsgerät“ ist noch nicht auf seine Wellenlänge abgestimmt.

Also eine Partnerschaft, die eher in den reiferen Jahren einer weltoffenen Zwilling-Dame möglich ist. Doch im Grunde gibt sie einem Krebs-Mann wenig Chancen, sich bei ihr in die nähere Umgebung niederzulassen. Sie bemerkt schon frühzeitig das für sein Tierkreiszeichen typische seelische Klammerverhalten: Krebse lassen ihre seelisch-emotionale „Beute“ einfach nicht mehr los und das wird ihr niemals gefallen.

Also doch nicht der richtige Mann für unsere attraktive Eva, oder doch ...? Das hängt vom persönlichen Entwicklungsstand eines Krebs-Mannes ab, der im Laufe seines Lebens seine männliche Seite voll zur Blüte bringen sollte.

Zwilling-Frau und Löwe-Mann
Das haut hin. Keine Frage, hier stimmen Wesenskräfte und grundsätzliche Lebenseinstellung überein. Das, was sie zu viel in ihrer gedanklichen Eigendynamik produziert, verglüht der warmherzige, joviale Löwe-Mann zu neuen, feurig-idealistischen Ideen. Stolz und mit gelassener Menschenwürde beobachtet er sie in ihrem Werden und Wachsen und bietet ihr einen inneren Halt und sinnlich-seelische Erfüllung.

Eine wahre Oase für unsere Zwilling-Eva. Sie lebt und webt schon genug in ihren Vorstellungswelten und durch ihre einseitige geistige Tätigkeit werden leicht Sinn und elementare Wertigkeit des Lebens übersehen. Hier können sich also wieder einmal Luft und Feuerzeichen zu einem harmonischen Ganzen ergänzen.

Doch seine überaus gelassene Geduld und Achtung im mitmenschlichen Umgang, lassen schnell in ihr Momente des unüberlegten Aufbegehrens entstehen. Sie wird ihn einen Faulpelz schimpfen, der nur gute Ratschläge geben kann, aber sich vor dem Handeln drückt. Und sie wird solange auf ihn einreden, bis es ihm zu bunt wird.

Er muss sie nun von seiner Macht und Würde überzeugen. Erstaunt über seinen aufbrausenden Gefühlsausbruch und über das Liebesgeständnis versucht sie nun, ihn zu beschwichtigen. Schon ist er wieder ein schnurrender, kleiner Kater unter ihren zarten Händen. Ein Spielchen, das beide mit den unterschiedlichsten Rollen und zu den unmöglichsten Zeiten und Gegebenheiten beherrschen.

Von daher wird es beiden garantiert nicht langweilig werden. Abgesehen von diesen kleinen Raufereien wird es eine intensive und erlebnisreiche Partnerschaft werden. Hier ergänzen sich weiblicher Intellekt und männliche Würde und Glanz vortrefflich.

Zwilling-Frau und Jungfrau-Mann

Hier kann es eigentlich nur dann zu einer fruchtbaren Verbindung kommen, wenn unser vorsichtiger und sauberer Jungfrau-Mann seine panische Angst verarbeitet hat, sie bringe ihm nur Unordnung und kopflose Hektik in sein so wohlstrukturiertes und äußerst überlegt geplantes Leben.

Und was die Bedürfnisse unserer agilen Merkur-Lady angeht, so braucht sie schon ein gestandenes Mannsbild und keinen langbärtigen Müsli-Helden mit Seppelhosen und einem Schnitzmesser in der Hand. Nein, das wäre nicht die Welt, nach der sie verlangt. Dann schon lieber einen gestandenen Geschäftsmann, der gewitzt ihr gemeinsames Gut unter dem positiven Einfluss seines Tierkreiszeichens (der merkurbetonten Jungfrau) stetig vermehrt.

Nur die Angst, dass sie alles mit der Zeit verschleudern könnte, lässt ihn ein geheimes Nummernkonto in der Schweiz eröffnen. Nun gut, natürlich hat sie das längst erfahren und legt sich als Rache einen Liebhaber zu. Dies ist eine der leichteren Übungen für unsere Zwilling-Eva. Ja, und so werden sie vermutlich bis ans Lebensende versuchen sich gegenseitig auszutricksen.

Zwilling-Frau und Waage-Mann
Hier begegnen sich wesensgleiche Persönlichkeiten, deren beiderseitig vorhandener, hoher Anspruch von Verständnisbereitschaft und Toleranz ein Garant für eine ausgeglichene und befriedigende Partnerschaft sein kann.

Dieses Stadium kann aber erst dann erreicht werden, wenn die vorhandenen Meinungsverschiedenheiten grundlegender Natur schon in der Anfangszeit der Beziehung gelöst worden sind.

Das bedeutet in erster Linie, sich gründlich auszureden und jedes kleinere Problemchen auszudiskutieren. Anderenfalls kommt es zu unterschwelligen, vor sich hinschwelenden Missverständnissen. Diese führen dann leicht zu Verstimmungen und können die Verbindung leicht sprengen, fehlt ihr doch eine starke belastbare seelisch-emotionale Verknüpfung.

Beide müssen voneinander eine hohe Meinung haben. Denn hier treffen sich zwei Menschen, die die Welt fast ausschließlich aus ihrem Kopf heraus beurteilen und erleben. Beide misstrauen der Gefühlsebene vorsichtshalber. Eine Partnerschaft, die ihre höchste Blüte erst in reifen Jahren erreichen wird.

Zwilling-Frau und Skorpion-Mann

Natürlich wird ihr der stechende und eindeutige Blick seiner Augen sofort auffallen und ihr Interesse wecken. Damit hat das Abenteuer schon begonnen.

Abgesehen davon, dass er natürlich ein ausgesprochen männliches Äußeres haben sollte, möchte sie unbedingt wissen, was hinter diesen stechenden Augen vor sich geht. Locker und gekonnt spielt sie sich ihm als zufälliges „Opfer" vor die Füße, und er wird natürlich sofort zugreifen. Beide wissen nun, was gespielt wird, nur die Höhe des Einsatzes ist noch nicht geregelt. Zu viele Unklarheiten schwingen noch mit.

Nur so viel ist klar, er wird sich auf keinen Fall von diesem kleinen „Luftikus" den Kopf verdrehen lassen. Sie denkt sich, dass, wenn er schon nur das Eine will, er sich wirklich gehörig anstrengen muss.

Stück für Stück entdeckt sie hinter seinen Augen die geistige Vorstellungswelt, und ist im Grunde völlig überwältigt von seiner sinnlich-sexuellen Ausstrahlung. Er möchte sie natürlich gerne damit an sich binden, doch sie entflieht seinen „Klauen" und sucht Zuflucht bei alten Freunden.

Es sei denn, dass sie im Gleichklang mit ihrer Weiblichkeit ist, dann wird sie dieses innige und enge Spiel auch auf ihre Weise inszenieren können und ihm gehörig den Kopf verdrehen.

Diese Kombination von luftiger, intellektueller Weiblichkeit und erotischer, willensstarker Männlichkeit kann erst bei beschaulicheren Jahrgängen zum fruchtbaren Austausch gelangen. Jugendliche Hitzköpfe geraten hier leicht in das allzuirdische Drama mit dem Titel: Der Kampf der Geschlechter.

Im Grunde haben wir hier zwei ausgesprochen starke Typen. Die verführerische, ewig junge Zwillings-Frau mit ihrer aufreizenden „Verführ mich doch, wenn du kannst"-Taktik und der sinnlichorientierte strenge Skorpion-Mann mit seinem faustischen Drang „Komm noch näher, auf dass wir eins werden".

Beide können sich also auf ewig binden in diesem Spiel, das aber leicht zur Qual werden kann. Es sei denn, beide gehen Hand in Hand gemeinsam diesen Schicksalsweg. Kein leichtes Unternehmen, aber der Lohn der Angst wird Träume übertreffen.

Zwilling-Frau und Schütze-Mann
Ein hinreißendes Pärchen, werden die anderen sagen, wenn man beide eng umschlungen und über beide Ohren verliebt durch den Park lustwandeln sieht.

Eine gelungene Voraussetzung ist auch hier die Wesensverwandtschaft von Zwilling-Eva und

Schütze-Adam, liegen sie doch einander im zwölfteiligen Kreis der Tierkreiszeichen direkt gegenüber. Dies bedeutet im Prinzip die gleiche kosmisch wirkende Prägekraft.

Der eine stellt also für den anderen das dar, was der andere nicht sein kann, aber werden will und umgekehrt. Und hier, bei Mann und Frau, ergänzen sich diese jeweiligen Talente hervorragend.

Was unsere helle Zwilling-Frau schon immer von dieser Welt wissen wollte, erfährt sie bei ihrem männlichen Helden als eine umfassende, gelebte und freigiebige Philosophie des Seins.

Er kann ihr endlich einen sinnvollen Zusammenhang in ihren zersplitterten, vielfältigen Wissensgebieten vor Augen führen. Dadurch kann er ihr eine innerseelische und geistige Harmonie des Urvertrauens in alle Gegebenheiten schenken, nach dem sie sich so sehr sehnt.

Ja, und er findet bei ihr jene mannigfaltige, geistige Regsamkeit und alltägliche Frische des Erlebens, die ihm abhanden kommen kann. Und gerade Schütze-Männer sollten es lernen, immer wieder zu ihrem eigenen innersten Kern zurückzukommen anstatt sich Tag für Tag an den unerreichbaren Grenzen des grenzenlosen Seins neuen, ungeahnten Abenteuern zu stellen.

Die Größe und Weite eines Schützenherzes bekommt durch die rege Aufmerksamkeit einer liebenden Zwilling-Eva die nötige lebendige „Hier und Jetzt"-Struktur. So verausgabt sich unser

Held in diesem Leben nicht so schnell durch seine kosmischen expansiven Talente.

Sie sind im kosmischen Sinne ein ideales Paar: das Wissen des Zwillings um die Gegensätzlichkeit aller Dinge und die einigende und umfassende universale Entfaltungskraft des Schützen.

Zwilling-Frau und Steinbock-Mann
Eine überaus seltene Konstellation zweier im Prinzip sich wesensfremder Menschen. Unsere liebe Zwillings-Eva reagiert in erster Linie auf die spontanen Reize aus ihrer Männer-Umwelt. Und da wird wohl aus Richtung Steinbock-Adam auf den ersten Blick nicht so viel kommen.

Steinbockmänner haben nun mal nicht die Statur eines Arnold Schwarzenegger, und sie kleiden sich auch meist sparsam und eher unscheinbar in grauen Tönen, um ja nicht so direkt aufzufallen. Man könnte sie ja fragen, was sie hier eigentlich machen. Ja und dann müssen sie Farbe bekennen: alles genau berechnet, große Karriere, Schrittchen für Schrittchen, aufs mühsamste alles vor Jahren schon geplant.

Nun, wenn schon Steinbock, dann aber einer, der es geschafft hat, der schon ganz groß dabei ist, wird sich unsere Zwilling-Lady sagen. Sie wird sich in Schale schmeißen, um diesen knausrigen Geizhals das pralle Leben um die Ohren zu hauen, auf dass er gefügig und zu allem bereit vor ihr auf den Knien liegt. Meist wird unsere holde Merkur-Lady ihn erst gar nicht sehr nahe an ihr Herz lassen.

Zwilling-Frau und Wassermann-Mann

Das verbindende Element in dieser Partnerschaft ist das beiderseitige Interesse an anregenden Impulsen und neuartigen Ideen. Hier lernen sich zwei offene Weltenbürger kennen, die sich gegenseitig wunderbar unterstützen können. Denn was unsere Zwilling-Frau so locker und spielerisch Tag für Tag im gedanklichen Überschwang „produziert", kann unser männlicher Wassermann-Held genial in ihr gemeinsames Leben integrieren.

Natürlich reizt sie sein ausgefallenes, verschrobenes Leben. Besonders, wenn sie ihn überhaupt nicht richtig verstehen konnte. Aber das ist für eine kommunikationserfahrene Zwilling-Lady wirklich kein Problem.

Und das weiß er auch an ihr sehr zu schätzen, und so gewährt er ihr den für sie unbedingt nötigen individuellen Entfaltungsspielraum. Falls es sich aber um einen exzentrischen Egoisten handeln sollte, wird sie sich, ohne umzusehen, aus dem Staube machen.

Abgesehen von diesem extremen Wassermanntypus, findet sich unsere Eva bei ihm sehr schnell zurecht und hat in ihm einen ruhenden und begabten Pol. Er lässt sie machen, wie sie denkt, und sie schenkt ihm ihr weibliches Urvertrauen.

Zwilling-Frau und Fische-Mann

Nun, eine ständige Beziehung auf Dauer wird sich in den wenigsten Fällen ergeben. So prickelnd und erotisch eine kurze Affäre mit einem Fische-Mann sein kann, so unverständlich ist unserer Zwilling-Eva sein Sich-gehen-lassen auf fast allen Ebenen.

Natürlich kann sie sich auch fallen lassen und sich gekonnt den Angeboten eines freien Tages hingeben, aber nicht in dieser extremen Art und Weise, wie es fast allen Fischen eigen ist. Er ist ihr daher im Grunde als stabilisierender Faktor einfach zu haltlos.

Wenig belastbar und immer in Gedanken und Gefühlen in einer anderen Welt, können sich hier nur wenige gemeinsame Ansatzpunkte für seine stabile und erfüllte Partnerschaft herauskristallisieren. Sein künstlerisches Talent weiß sie natürlich zu schätzen. Hier ist auch einer der wenigen Gemeinsamkeiten, die ausgebaut werden können, wenn Wille und besonderes künstlerisches Talent vorhanden sind.

In den alltäglichen Dingen des Lebens lebt man besser getrennt voneinander, um sich sein Ideal vom Partner zu erhalten. Eine Beziehung, die im Gleichklang des Ineinanderfließens von Gefühl und Geist die Erfüllung finden kann, was aber große Umsicht und Toleranz erfordert.

Obwohl beide bestimmt behaupten werden, genug davon zu haben, wird sich hier die Wesensverschiedenheit von Luft (Zwilling) und Wasser (Fische) besonders tragisch bemerkbar machen, gehören doch beide Tierkreiszeichenvertreter zu den beweglichen Zeichen. Hart ausgedrückt, sind beide Spielbälle ihrer Umwelt.

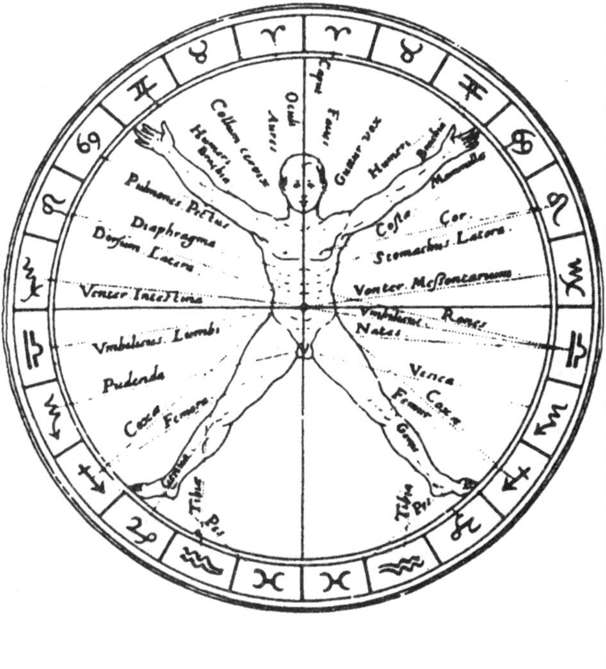

Caput
Oculi
Aures
Facies
Gutture vox
Humeri
Brachia
Pulmones Pectus
Diaphragma
Cor.
Venter
Renes
Nates
Pudenda
Vesica
Coxa
Femora
Femur
Tibia

Berühmte Persönlichkeiten

In diesem Kapitel werden Ihnen einige berühmte Tierkreiszeichenvertreter – historische wie auch kulturelle Persönlichkeiten – vorgestellt. Hierbei geht es weniger um eine vollständige und umfassende Darstellung, vielmehr sollen die tierkreistypischen Verhaltensweisen, Charaktereigenschaften und „kleinen Eigenheiten" dieser Berühmtheiten herausgestellt werden.

Karl Valentin (4.6.1882)
„Du bleibst da, und zwar sofort". Das ist in etwa die Logik dieses Grüblers der Sprache, der alles andere als ein Volkskomiker war. Eher schon ein Philosoph im Gewand des Clowns. Bert Brecht hat unter seiner Regie gearbeitet und ihm mit den „Geschichten vom Herrn K." ein literarisches Denkmal gesetzt. Kein Wunder, zwei Luftzeichen, und beide noch gespalten (Brecht war Wassermann) – das muss ja gut gehen.

Valentin Fey, wie er eigentlich heißt, stolpert permanent über die Fallstricke der Logik, der Grammatik, der Sprache. Was bei seinem Tierkreisbruder Conan Doyle bzw. dessen Schöpfung Sherlock Holmes immer funktioniert, das geht bei Valentin dauernd schief: die Logik.

Valentin versucht ganau das, was seinem Zeichen entspricht: die schrittweise logische Entwicklung eines Gedankens. Doch dabei verheddert er sich ständig in die Fallen einer realitätsfremden und rein formalen, beinahe mathematisch strengen Logik. Irgendwo geht eine Kleinigkeit schief, Worte werden falsch aufgefasst, passen nicht in ein grammatisches Schema, drücken einen Gedanken nicht exakt aus – und alles kommt durcheinander.

Die Suche nach dem korrekten Plural des Wortes „Semmelknödel" ist ja noch harmlos. Schlimmer wird's, wenn die Logik verquer geht: „Sie sind nicht von uns abhängig, aber wir von Ihnen. Merken Sie sich das!" Oder wenn Worte und Namen verwechselt werden. (Auf den Ausruf, „Das ist aber ein Zufall!", meldet sich ein Rekrut mit „Hier"). Ab da geht alles schief.

Valentins Stücke sind auch heute noch lesenswerte Lektionen in Logik – eine drastische Warnung vor deren Unzulänglichkeit sei jedoch hier ausgesprochen. Kein Wunder, dass gerade die Computer-Fachleute von ihm fasziniert sind. Denn beim Programmieren geht man auch streng logisch und schrittweise vor. Und wundert sich dann, wenn etwas ganz anderes herauskommt als eigentlich müsste. Da ist irgendwo eine Kleinigkeit faul, ein „bug" (ein Käfer) hat sich festgefressen – und alles geht schief.

Arthur Conan Doyle (22.5.1859)
Der Schöpfer des bekanntesten literarischen Detektivs lernte die Methode der logischen Detektivarbeit von seinem Medizin-Professor. Oftmals nachgeahmt, parodiert und durch Karl Valentin pervertiert, überrascht der aristokratische Holmes auch heute noch seine Leser mit genialen Schlussfolgerungen.

Dabei kommt ihm – neben der Fähigkeit zur schrittweisen, logischen Deduktion – auch sein umfassendes Wissen der Tagesneuigkeiten zugute. Holmes ist über alles informiert. Er weiß nicht nur, welcher Adelige wann wen geheiratet, beerbt oder bestohlen hat, nein, er kennt auch die Zusammensetzung des Sandes in allen Londoner Distrikten. Und weiß natürlich den Fahrplan der Eisenbahn auswendig, von anderen Trivialitäten ganz zu schweigen.

In den Parodien über die Vorgehensweise des Meisterdetektivs wird auch der wunde Punkt aufgezeigt: ein falscher Schritt in der logischen Kette, und alles geht schief. Denn Überblick und gesunder Menschenverstand haben hier nichts verloren. Reine mathematische Logik triumphiert meistens.

Das Zeichen Zwilling ist auch gespalten, also mindestens zwei- wenn nicht vieldeutig. Das macht es manchmal schwer, Menschen, die unter diesem Zeichen geboren wurden, zu charakterisieren, festzulegen, zu fassen. Ähnlich wie bei Sherlock Holmes: Er liebt es, in Rollen zu schlüpfen und die Umwelt zum Narren zu halten. Aber was ist er selbst, wo liegt der Kern seiner Persönlichkeit? Oder hat er gar keinen?

Albrecht Dürer (21.5.1471)
Seine Kunst lebte von der Linie. Sie ritzte er in Holz und Kupfer, und damit wurde er bereits zu Lebzeiten weltberühmt. Er achtete aufs Detail und war äußerst geschickt mit seinen Händen, als Grafiker und Kupferstecher. Die Hände unterstehen auch seinem Zeichen.

Neben sehr realistischen Naturbildern (Hase, Rasenstück) und allegorischen Darstellungen (Melancholia) zeichnete er am liebsten sich selbst. Auf der Suche nach seinem inneren Zwillingswesen stellte er wieder sich selber dar. Aber er war kein Grübler oder Melancholiker, eher schon ein Narziss, ein Mensch, der sich selbst am schönsten fand. Das erinnert an die Sage vom Narziss, der im Spiegelbild sein zweites Ich, seine verstorbene Zwillingsschwester, suchte.

Die vielen Reisen und Begegnungen mit Künstlern, grafischen Techniken und Weltanschauungen beeinflussten und befruchteten ihn. Mit der Allwissenheit des Zwillings entwarf er in seinen Bildern ein Gemälde der Zeit – nüchtern, eher distanziert, aber immer genau und ansprechend. Kunst wurde bei ihm zur Kommunikation. Sie erschüttert nicht, sie teilt mit und informiert.

Richard Wagner (22.5.1813)

„Dichtung“, schrieb der Wiederbeleber germanischer Mythen, „stellt das zeugende, Musik das gebärende Prinzip dar“. Da er selbst Texter und Komponist in einer Person war, verwirklichte er seine eigenen Prinzipien. Wen wundert's, bei einem Menschen, der, astrologisch gesehen, im Grunde aus zwei Wesen unterschiedlichen Geschlechts besteht. Zeugung, Schwangerschaft und Geburt in einer Person – das ist wohl nur bei einem Zwitter möglich. Zwillinge sind Zwitter.

Außerdem stehen sie nicht immer fest auf dem Boden der Wirklichkeit. Nimmt man ihnen diese Grundlage – oder brauchen sie eine solche nicht, wie es in der Kunst der Fall ist – dann driften sie ins Monumentale und Grenzenlose. So sind Wagners musikalische Dramen voller Einzelheiten, aber stets mit einem Hang zum Gigantischen.

Seine Werke drehen sich um das Problem der Erlösung. Wahrscheinlich konnte nur ein Zwilling dieser Sehnsucht so stark und dramatisch Ausdruck verleihen. Denn gespaltene Wesen werden in diesem Leben nie erlöst.

Bundesrepublik Deutschland (23.5.1949)
Auch Staaten haben Geburtstag, nämlich dann, wenn ihre Verfassung (in diesem Fall das Grundgesetz) offiziell in Kraft tritt. Auf die Bundesrepublik treffen die Eigenschaften des Zwilling-Zeichens voll und ganz zu.

Die Bundesdeutschen wissen auch ungeheuer viel. Sie lesen gründlich ihre Zeitungen, hören Nachrichten und Verbraucherinformationen, wissen, wo's was billiger gibt. Das Telefonsystem ist perfekt, die Verkabelung weit fortgeschritten. Alles, was mit Kommunikation, also mit der Übermittlung von Nachrichten zu tun hat, fasziniert sie nachhaltig.

Dazu kommt, dass das Geschäft mit Zeitungen und Zeitschriften blüht wie in kaum einem anderen Land. Wussten Sie, dass in der Bundesrepublik jedes weibliche Wesen im Durchschnitt eine Frauenzeitschrift pro Woche liest?

Das Chinesische Horoskop

Der chinesische Mondkalender

Die chinesische Astrologie wird vom Mond beherrscht und nicht von der Sonne, wie der westliche Tierkreis. Der chinesische Mondkalender gilt als die älteste Zeitrechnung der Menschheit. Er wurde im Jahre 2637 v. Chr. von dem chinesischen Kaiser Huang-ti eingeführt.

Über die Entstehung des chinesischen Tierkreises gibt es eine alte Legende. Diese besagt, dass Buddha, als er die Erde verlassen wollte, alle Tiere zusammenrief, um sich von ihnen zu verabschieden. Doch nur zwölf Tiere folgten seinem Ruf. Zur Belohnung schenkte Buddha jedem Tier ein Jahr und zwar in der Reihenfolge ihrer Ankunft: Zuerst traf die Ratte ein, dann kamen nacheinander der Büffel, der Tiger, die Katze, der Drache, die Schlange, das Pferd, die Ziege, der Affe, der Hahn, der Hund und zuletzt das Schwein.

Jedes Tier beherrscht in einem Zyklus ein bestimmtes Jahr. Ein voller Zyklus umfasst sechzig Mondjahre und setzt sich aus fünf einfachen Zyklen von je zwölf Jahren zusammen. Danach beginnt der Zyklus wieder von vorne. Jedes Jahr ist auf diese Weise einem der zwölf Tiere zugeordnet.

Das jeweilige Tier charakterisiert das ihm unterstellte Jahr und beeinflusst das Leben der Menschen, die in diesem Jahr geboren wurden.

Wie auch in der westlichen Astrologie werden den zwölf chinesischen Tierkreiszeichen bestimmte

Qualitäten und Elemente zugeordnet, die sich jedoch von denen des westlichen Tierkreises unterscheiden. Dies sind die Qualitäten Yin und Yang und die Elemente Wasser, Feuer, Holz, Metall und Erde.

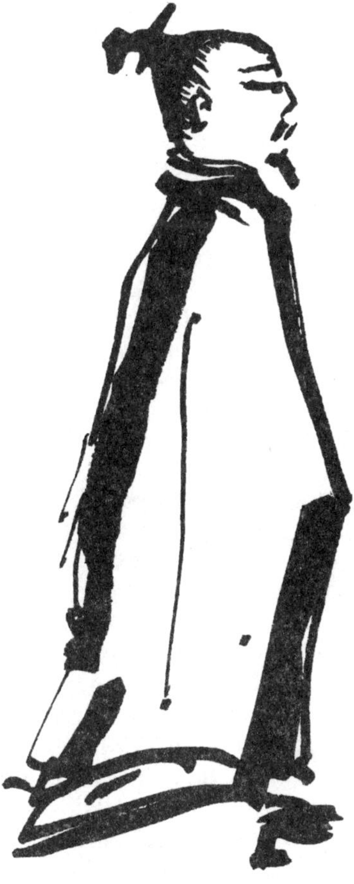

Die Bedeutung von Yin und Yang

Yin und Yang sind zwei Begriffe, die aus der alten chinesischen Philosophie stammen. Nach dem taoistischen Glauben existiert das Leben mit all seinen Erscheinungsformen durch die Bewegung von Energie zwischen zwei Polen, die als Yin und Yang bezeichnet werden. Sie sind die polare Energiemanifestation der kosmischen Urenergie, genannt Chi.
Yin und Yang sind ein Gegensatzpaar – wie männlich und weiblich, positiv und negativ oder zentripetal und zentrifugal –, durch das Leben entsteht. Die Polarität dieser Gegensätze finden wir in allen Lebensformen wieder. Dabei repräsentiert Yin den weiblichen Pol und wird mit den rezeptiven Kräften in Verbindung gebracht. Man ordnet Yin die Empfänglichkeit, die Intuition, die Nachgiebigkeit usw. zu. Yang ist der männliche, aktive Pol, dem die Initiative, das rationale Handeln, das logische Denken usw. entspricht.

Yin und Yang bilden eine Einheit, da sie sich genau ergänzen. Diese Einheit wird durch einen Kreis dargestellt – das Urprinzip allen Seins und Symbol der Harmonie. Das Gleichgewicht dieser beiden Kräfte ist daher auch verantwortlich für die Herstellung und Erhaltung der Harmonie, sei es im Körper, in der Seele oder im gesamten Kosmos. Aus diesem Grund hat auch jeder Mann (Yang) einen weiblichen Teil (Yin) in sich und jede Frau (Yin) einen männlichen (Yang), eine Vorstellung, die wir auch aus der westlichen Psychologie kennen (die so genannte Anima des Mannes und der so genannte Animus der Frau).

Die chinesischen Tierkreiszeichen werden entsprechend dieser Lehre in sechs Yin-Zeichen und sechs Yang-Zeichen unterteilt. Man sagt, der Yin-Typ sei eher introvertiert, fürsorglich, gefühlsbetont und intuitiv, während der Yang-Typ eher extrovertiert, individualistisch und unabhängig ist. Der Yin-betonte Mensch versucht sich im Kontakt mit anderen Menschen zu verwirklichen, während der Yang-betonte sein Gleichgewicht in sich selbst finden will. Yin-Menschen handeln eher überlegt, Yang-Menschen handeln meist aus einem spontanen Impuls heraus.

Die Tierkreiszeichen, die dem Yin-Prinzip zugeordnet werden, sind folgende: Ratte, Büffel, Katze, Affe, Hund und Schwein. Zum Yang-Prinzip gehören Tiger, Drache, Schlange, Pferd, Ziege und Hahn.

Die fünf Elemente

In der chinesischen Astrologie gibt es fünf Elemente: Metall, Wasser, Holz, Feuer und Erde. Wie Yin und Yang sind auch die fünf Elemente alle gleichwertig und hängen voneinander ab. Alle Elemente stehen in einer Wechselbeziehung zueinander, die wiederum für das Gesamtgleichgewicht ausschlaggebend ist.

Jedes Jahr wird mit einem Element verbunden. Daraus ergibt sich, dass jedes der zwölf Tierkreiszeichen wiederum mit einem bestimmten Element kombiniert wird. Um das Element zu finden, das Ihrem Geburtsjahr zugeordnet wird, können Sie den folgenden Schlüssel verwenden.

Wenn Ihr Geburtsjahr am Ende folgende Ziffern hat, entspricht ihm das in der Tabelle angegebene Element:

1 und 6 = Wasser
2 und 7 = Feuer
3 und 8 = Holz
4 und 9 = Metall
5 und 0 = Erde

Das Element Wasser

Menschen, die in einem Wasser-Jahr geboren wurden, sind gefühlsbetont und weich. Aber sie leben und handeln nach dem Motto: „Steter Tropfen höhlt den Stein“. Mit ihrer Ausdauer schaffen sie es, selbst den härtesten Fels zu

Sand zu zermahlen. Darüber hinaus hat Wasser die Eigenschaft, sehr flexibel zu sein. Dies bedeutet einerseits, dass Wasser-Menschen über eine gute Anpassungsfähigkeit verfügen, andererseits aber auch gerne den Weg des geringsten Widerstandes gehen. Besonders ausgeprägt ist die Intuition der in einem Wasser-Jahr Geborenen.

Das Element Feuer

Das Element Feuer verleiht Entschlusskraft und Selbstsicherheit. Menschen, die unter diesem Element geboren wurden, ergreifen gerne die Initiative und sind voller Schwung und Tatendrang. Im Gegensatz zu Wasser-Menschen sind sie eher ungeduldig. Sie reagieren sehr impulsiv, wobei sie oft dominant und egoistisch wirken. Wie ihr Element, besitzen sie ein feuriges Temperament, und wenn es mit ihnen durchgeht, können sie ziemlich hitzköpfig sein. Wenn der Feuer-Geborene sich jedoch im Zaum hält, liegt sein stärkstes Talent darin, die Dinge ohne zu zögern anzupacken und zielstrebig zu Ende zu führen. Was dabei herauskommt, ist meist sehr erfolgreich!

Das Element Holz

Menschen, die in einem Jahr des Holzes geboren wurden, sind sehr umgänglich, einfühlsam und vertrauenswürdig. Sie verstehen es ausgezeichnet, gemeinsam mit anderen große Projekte zu realisieren, wobei sie die Lorbeeren nicht für sich alleine ernten wollen. Holz-Geborene besitzen ein großzügiges Denken und viel Toleranz. Sie verfügen über ein gesundes Maß an Materialismus, den sie sich gut zu Nutze machen können. Das Element Holz birgt die Gefahr, dass man sich zu viel zumutet oder seine Möglichkeiten überschätzt.

Im besten Falle aber liegt die Begabung dieses Elements in der Realisierung großer Pläne und Aufgaben.

Das Element Metall

Wie das Element Metall, wirkt der in einem Metall-Jahr Geborene recht unbeugsam und starrköpfig. Wenn er sich ein Ziel gesetzt hat, lässt er sich durch nichts davon abbringen, es auch zu erreichen.

Dabei zieht er den Alleingang vor und lehnt jede Einmischung in seine Angelegenheiten energisch ab. Metall-Menschen müssen lernen, nicht immer mit dem Kopf durch die Wand rennen zu wollen, wenn die Sympathie anderer Menschen nichts aufs Spiel gesetzt werden soll – obgleich das „Wände einrennen“ zugegebenermaßen eine der stärksten Seiten des Metall-Typs ist!

Das Element Erde

Der in einem Erde-Jahr Geborene ist praktisch und realistisch. Er besitzt einen gesunden Unternehmungsgeist, wobei er sich aber nie in unrealistische Pläne versteigt, sondern vielmehr solide Projekte auf die Beine stellt.

Seine Handlungen sind stets wohl überlegt und gründlich durchdacht, weshalb das, was er tut, meist auch bestens funktioniert. Sein Verantwortungsbewusstsein und seine Disziplin verdienen aufrichtige Bewunderung, obwohl er auf Vertreter anderer Elemente oft etwas zu konservativ und nüchtern wirkt. Doch alles, was ein Erdmensch anpackt, hat Hand und Fuß – und darüber hinaus ein absolut sicheres Fundament!

Der Weggefährte

Wie in der westlichen Astrologie spielt die Geburtszeit auch in der chinesischen eine besondere Rolle. Im westlichen Horoskop ergibt sich aus der Geburtszeit der so genannte Aszendent, dem im chinesischen der „Weggefährte“ entspricht.

Die vierundzwanzig Stunden des Tages werden wiederum in zwölf Abschnitte unterteilt, die jeweils einem Tierkreiszeichen zugeordnet werden. Dabei beginnt der Tag des chinesischen Mondkalenders um 23 Uhr. Der Weggefährte beeinflusst die Qualität des Tierkreiszeichens, unter dem man geboren ist.

Jede der zwölf möglichen Kombinationen von Tierkreiszeichen und Weggefährten bewirkt eine spezielle Färbung der individuellen Persönlichkeit.

Um herauszufinden, welcher Weggefährte ihr Tierkreiszeichen begleitet, suchen Sie bitte in der folgenden Tabelle Ihre Geburtszeit. Das Tier, das in diesen Zeitabschnitt fällt, ist Ihr Weggefährte: Wenn Sie wissen wollen, wie der Weggefährte Ihr Tierkreiszeichen beeinflusst, lesen Sie bitte unter beiden Zeichen nach und kombinieren Sie die Eigenschaften beider miteinander. Sollten Sie unter einem Doppelzeichen geboren sein, das heißt, nach Ihrem Geburtsjahr und Ihrer Geburtsstunde sind Sie beispielsweise Ratte/Ratte, bedeutet dies, dass die Qualitäten dieses Tierkreiszeichens in Ihrer Persönlichkeit besonders markant sind und in Ihrem Leben besonders stark zum Ausdruck kommen.

Stundentabelle

23.00 - 1.00 Uhr – Ratte

1.00 - 3.00 Uhr – Büffel

3.00 - 5.00 Uhr – Tiger

5.00 - 7.00 Uhr – Katze

7.00 - 9.00 Uhr – Drache

9.00 - 11.00 Uhr – Schlange

11.00 - 13.00 Uhr – Pferd

13.00 - 15.00 Uhr – Ziege

15.00 - 17.00 Uhr – Affe

17.00 - 9.00 Uhr – Hahn

19.00 - 21.00 Uhr – Hund

21.00 - 23.00 Uhr – Schwein

Die Ermittlung Ihres chinesischen Tierkreiszeichens

Um Ihr „Haupttierkreiszeichen", das so genannte „Jahreszeichen", zu ermitteln, benötigen Sie die Jahreszahlentabellen, die Sie vor der Beschreibung jedes Tierkreiszeichens finden. Suchen Sie in den zwölf Tabellen nach Ihrem Geburtsdatum.

Auch hier unterscheidet sich der chinesische Kalender vom westlichen. Wie Sie aus den Tabellen ersehen werden, beginnt die Einteilung der Jahre nicht am ersten Tag des Monats. Das Jahr der Ratte beginnt beispielsweise am 31.01.1900 und endet am 19.02.1901. Daher sind Tabellen, die nur die Jahreszahlen angeben, ungenau. Wer am 10.02.1901 geboren ist, ist Ratte. Wer hingegen am 10.03.1901 geboren ist, ist Büffel.

Beispiel
Geburtsdatum: 22.01.1950, 4.30 Uhr

Um Ihnen die Suche in den zwölf Tabellen zu erleichtern, hier eine kleine Hilfestellung:

Die chinesischen Tierkreiszeichen, beginnend mit dem Zeichen Ratte im Jahre 1900, halten immer die gleiche Reihenfolge ein.
Das heißt:

1900 = Ratte, 1901= Büffel, 1902= Tiger, 1903= Katze, 1904 = Drache, usw. bis 1911 = Schwein. Das Jahr 1912 ist dann wieder ein Jahr der Ratte, 1913 = Büffel usw.

Wenn Sie, ausgehend vom Jahr 1900, solange mit 12 multiplizieren, bis Sie Ihr Geburtsjahr erreichen oder annähernd erreichen, können Sie bei jedem Zwölfer-Abschnitt mit der Ratte beginnen und bis zu Ihrem Geburtsjahr weiterzählen:

In unserem Beispiel heißt das: in (19)50 geht 12 viermal, Rest 2. Daraus folgt: 12 x 4 = (19)48 + 2 = (19)50.

Daraus ergibt sich: 1948 ist wieder ein Jahr der Ratte, 1949 ein Jahr des Büffels und 1950 ein Jahr des Tigers.

Da Geburtsdaten, die in die Monate Januar und Februar fallen, immer genau im Zeichenwechsel des chinesischen Tierkreises liegen, müssen Sie in diesem Fall in der Tabelle vor und nach dem Zeichen Tiger nach Ihrem Geburtsdatum suchen.

In unserem Beispiel finden wir den 22.01.1950 nicht in der Tabelle des Zeichens Tiger, da dieses erst ab dem 17.02.1950 beginnt. Da unser Datum vor dem 17.02.1950 liegt, suchen wir nun bei dem Zeichen, das vor dem Tiger kommt, nämlich Büffel.

Ihren Weggefährten finden Sie leichter: Sehen Sie in der Stundentabelle nach, in welchem Zeitabschnitt Sie geboren sind.

In unserem Beispiel ist die Geburtszeit 4.30 Uhr. In der Tabelle finden wir:

3.00 – 5.00 Uhr – Tiger.

Wenn Sie um 4.30 Uhr geboren sind, ist Ihr Weggefährte Tiger.

Auch Ihr Element finden Sie sehr leicht: Schlagen Sie dazu die Elementen-Tabelle auf. In unserem Beispiel endet das Geburtsjahr mit der Zahl 0. In der Tabelle finden wir:

5 und 0 = Erde.

Wenn Sie im Jahr 1950 geboren sind, ist Ihr Element Erde. Unser Beispiel ergibt insgesamt: Büffel/Tiger/Erde!

Um zu erfahren, welche individuelle Persönlichkeit der unter diesem Zeichen Geborene hat, lesen wir in Bezug auf unser Beispiel nun als Erstes unter „Büffel" nach, dann unter „Tiger" und „Erde".

Um ein ganz exaktes Bild von Ihrer persönlichen Veranlagung zu erhalten, die Sie mit in dieses Leben gebracht haben, sollte auch das westliche Horoskop berücksichtigt werden. Die chinesischen Tierkreiszeichen, so wie sie hier dargestellt sind, können Ihnen zusätzliche Informationen über Ihre Persönlichkeit liefern. Man sollte sich aber immer vergegenwärtigen, dass die Kombination aller Zeichen Ihres Gesamthoroskops erst Ihre Individualität widerspiegelt, die bei der Vielzahl der Kombinationsmöglichkeiten tatsächlich einmalig ist.

Die zwölf chinesischen Tierkreiszeichen

Ratte

Yin; festes Element: Wasser
Chinesischer Name: Schu

Jahreszahlentabelle Ratte

31.1.1900 –	19.2.1901
18.2.1912 –	6.2.1913
5.2.1924 –	25.1.1925
24.1.1936 –	11.2.1937
10.2.1948 –	29.1.1949
28.1.1960 –	15.2.1961
15.2.1972 –	2.2.1973
2.2.1984 –	19.2.1985
19.2.1996 –	6.2.1997
7.2.2008 –	25.1.2009

(Die angegebenen Daten beziehen sich auf den ersten und den letzten Tag im Jahr des betreffenden Zeichens.)

Die Ratte-Persönlichkeit
Ganz im Gegensatz zu der Vorstellung, die wir von der Ratte im Naturreich haben, sagt man den in einem Ratte-Jahr geborenen menschlichen Vertretern dieses Tierkreiszeichens ausgesprochen positive Qualitäten nach. Es heißt, die Ratte sei attraktiv, charmant, liebenswert und verführerisch. Darüber hinaus zeigt sie auch noch einen Hang zum Besonderen.

Der Ratte-Geborene tanzt gerne aus der Reihe – und auch gerne auf dem Glatteis. Mittelmäßigkeit ist ihm ein Gräuel und Langeweile sein ärgster Feind. Aus diesem Grund übertritt er mit Vorliebe Verbote, Anstandsregeln und Tabus. Sie können sich sicherlich vorstellen, dass diese Mischung aus Exzentrik und kapriziösem Verhalten auf den ersten Blick eine starke Faszination ausüben kann.

Die Ratte besitzt eine fast magische Anziehungskraft auf ihre Mitmenschen, was nicht verwundert, wenn man ein wenig tiefer in die Geheimnisse ihrer Persönlichkeit eindringt.

Ratte-Menschen geben nur ungern ihre tiefen und innersten Geheimnisse preis. Der Wunsch des Ratte-Menschen, lieber selbst alles im Griff zu haben, resultiert aus einem extremen Sicherheitsbedürfnis. Und um dieses Bedürfnis zu befriedigen, ist er mit einem gesunden Maß an Aggressivität, Durchsetzungswillen, Berechnung und Listigkeit ausgestattet.

Doch wie bei allem im Leben gibt es auch hier eine Kehrseite der Medaille: Ratte-Menschen sind tatkräftig, kreativ, phantasiereich, originell, kontaktfreudig und unterhaltsam. Kein Wunder, dass sie ein wahres Führungstalent besitzen, wie wir bei den berühmten Vertretern dieses Tierkreiszeichens sehen werden.

Die Ratte und ihr Gefühlsleben

Ratte-Menschen sind ausgesprochen gefühlsbetont und vor allem sehr, sehr leidenschaftlich.

Wenn sie glücklich sind und sich geliebt und verstanden fühlen, mangelt es ihnen nicht an Treue. Darüber hinaus besitzen Sie mit der Liebe einer Ratte nicht nur ihre Treue, sondern auch ihre Kameradschaft und volle Unterstützung. Vor anderen verteidigt die Ratte ihren Partner bis aufs Messer.

Doch eines sollten Sie vermeiden: Enttäuschen Sie Ihre Ratte nicht, und lassen Sie sie nicht allzu oft allein. Obwohl wir es in diesem Fall mit einem wahrhaftigen Außenseiter zu tun haben, hat der Ratte-Geborene viel Familiensinn.

Wie wir bereits wissen, legen Ratten keinen besonderen Wert auf Traditionen und Konventionen. Doch das Chaos, das einem bei oberflächlicher Betrachtung im Heim einer Ratte entgegenschlägt, entpuppt sich bei genauerem Hinsehen als wohl geordnet. Es ist eben alles nicht ganz so, wie man es gewöhnt ist, und schon gar nicht, wie man es erwartet.

Hier einige Tipps für ein harmonisches Zusammenleben mit Ihrem Rattepartner. Als Erstes sollten Sie Ihre leidenschaftlichen Gefühle auf keinen Fall verbergen. Im Gegenteil: Ihre Ratte liebt Vulkanausbrüche! Wenn Sie Ihre Ratte betrügen, müssen Sie damit rechnen, dass sie sofort zum Gegenschlag ausholt und sie – fast augenblicklich – „zurück-betrügt".

Falls Ihre Ratte Sie betrügt, war dies ein reines Versehen. Sie werden sicherlich Verständnis dafür aufbringen, sobald Ihre Ratte ihr Plädoyer gehalten hat. Sie werden ein aufrichtiges Schuldeingeständnis mit all den dazugehörigen und absolut einsichtigen Gründen für dieses Missgeschick erhalten.

Ratte-Menschen sind sehr gute Eltern. Wenn Sie Ihre Ratte nicht zu einer sofortigen Annullierung der Ehe zwingen wollen, sollten Sie Ihre Flitterwochen nicht unbedingt pauschal buchen. Geregelte Frühstückszeiten, Vollpension und womöglich ein fester Liegestuhl mit Sonnenschirm am Strand sind für den Ratte-Geborenen ein sicherer Scheidungsgrund.

Und noch etwas, wie Sie das Herz Ihrer Ratte betören können: Schenken Sie Ihrer Ratte zum Geburtstag nicht immer nur Dinge, die wir gewöhnlich als nützlich betrachten. Sicherlich liebt Ihre Ratte-Dame einen gut ausgestatteten Haushalt und Ihr Ratte-Mann eine beeindruckende Bücherwand.

Der Weg zum Erfolg im Zeichen Ratte
Die Ratte liebt ihre Unabhängigkeit. Darüber hinaus ist sie ein ausgesprochener Individualist. Ihr Talent besteht als Erstes darin, zu beweisen, dass alle festen Regeln und Gewohnheiten mit einem Handstreich zunichte gemacht werden können.

Wie klettert eine Ratte die Erfolgsleiter hinauf? Nun, bekanntlich sind Ratten Nagetiere. Also wird die Ratte den sprichwörtlichen Stuhl nicht absägen, sondern durchnagen. Weil sie dies vornehmlich im Dunkeln tut, kann es sein, dass Sie nichts davon bemerken, bis Sie umkippen.

Berühmte Ratte-Persönlichkeiten

Konrad Adenauer, Johann Sebastian Bach, Marlon Brando, Prinz Charles, Doris Day, Mata Hari, Wolfgang Amadeus Mozart, Ronald Reagan, William Shakespeare, Donna Summer.

Büffel

Yin; festes Element: Wasser
Chinesischer Name: Nyu

Jahreszahlentabelle Büffel

19.2.1901	–	8.2.1902
6.2.1913	–	26.1.1914
25.1.1925	–	13.2.1926
11.2.1937	–	31.1.1938
29.1.1949	–	17.2.1950
15.2.1961	–	5.2.1962
3.2.1973	–	22.1.1974
20.2.1985	–	8.2.1986
7.2.1997	–	27.1.1998
26.1.2009	–	13.2.2010

Die Büffel-Persönlichkeit

Der Büffel ist ein sehr erdverbundenes Zeichen. Das bedeutet, dass er es mit seiner bewundernswerten Geduld und Ausdauer Schritt für Schritt zu beträchtlichem Wohlstand bringt. Seine Hartnäckigkeit und sein Pflichtbewusstsein sind der Grund, warum ihm manche Menschen vorwerfen, er sei ein „Dickschädel". Er ist ein unermüdlicher Arbeiter, und alles, was er anpackt und angeht, hat Hand und Fuß.

Alles, was ein Büffel-Geborener anpackt, gelingt auch meist. Wenn er eine Aufgabe übernimmt, plant er sie mit Methode und führt sie zuverlässig zu Ende. Dabei nimmt er sich Zeit, anstatt überhastet und unbedacht darauf los zu stürmen.

Wenn er dies erledigt hat, sollten Sie sich in Acht nehmen, denn plötzlich stürmt der Büffel los. Wenn dieser kraftstrotzende Zeitgenosse erst einmal aktiv geworden ist, kann ihn nichts mehr bremsen, und Sie sollten besser das Feld räumen, wenn er über die Prärie donnert.

Manchmal macht der Büffel den Eindruck, als sei er die Ruhe selbst. Das ist er auch, solange Sie so klug sind, ihn nicht zu provozieren. Wenn ein Büffel tobt, können Sie sich nur noch in Sicherheit bringen, bis sich der Sturm wieder gelegt hat!

Obwohl der Büffel ein Herdentier ist, bleibt er immer ein Individualist. Er liebt seine Unabhängigkeit, ist originell und lebt nach seinen eigenen Prinzipien. Versuchen Sie daher nicht, ihn zu ändern. Vielmehr vertrauen Sie ihm, so wie er ist. Und das können Sie blind, denn es heißt, der Büffel sei das vertrauenswürdigste, ehrlichste und treueste Zeichen.

Der Büffel und sein Gefühlsleben

Obwohl der Büffel-Geborene seine Unabhängigkeit liebt und so leben will, wie es ihm gefällt, besitzt er all die Eigenschaften, die man an einem Lebenspartner schätzt. Sicherheit spielt bei einem Büffel eine große Rolle. Er geht feste und dauerhafte Beziehungen ein und ist seinem Partner treu ergeben. Er hält nichts von kurzen Liebesromanzen und flüchtigen Abenteuern, weshalb etwas flatterhaft veranlagte Menschen bei ihm auf Granit beißen.

Wenn Sie einen Büffel lieben, sollten Sie sich an praktischen Dingen erfreuen können. Ihr Büffel schätzt es nicht, sein Geld für unnützen Firlefanz auszugeben. Und für überschwängliche Liebesbeteuerungen hat er meistens keine Zeit.

Wie Sie bereits wissen, reagiert der Büffel sehr empfindlich auf das sprichwörtliche rote Tuch. Deshalb sind Sie gut beraten, es nicht unbedingt auf die Spitze zu treiben.

Wenn Sie ein Heim und eine Familie gründen wollen, ein gesichertes Einkommen und Ihren Lebensabend mit einem beachtlichen Bankguthaben und einem komfortablen Eigenheim verbringen wollen, sollten Sie sich einen Büffel an Land ziehen.

Der Weg zum Erfolg im Zeichen Büffel

Wie wir bereits wissen, ist der Büffel ein zäher, zielstrebiger und ausdauernder Arbeiter.

Darüber hinaus lässt er sich keine Vorschriften machen, dafür ist er schlichtweg zu unabhängig und individualistisch veranlagt. Vielmehr entspricht es eher seiner Natur, die Regeln selbst zu bestimmen. Aus diesem Grund ist der Büffel-Geborene nicht dazu bestimmt, eine Position zu bekleiden, in der er nichts zu sagen hat. Der Büffel hat das Gefühl, dass er seine Arbeit selbst am besten erledigen kann. Daher lehnt er Hilfe meistens ab.

Büffel sind keine Träumer und bauen keine Luftschlösser. Sie sind praktisch und realistisch, und so gehen sie auch an ihre Projekte heran. Daher kann man sicher sein, dass ein Büffel-Geborener die Pläne, die er in Angriff nimmt, auch verwirklichen wird – und noch dazu mit großem Erfolg.

Berühmte Büffel-Persönlichkeiten
Aristoteles, Richard Burton, Willy Brandt, Gary Cooper, Charlie Chaplin, Prinzessin Diana, Walt Disney, Hermann Hesse, Hildegard Knef, Jack Nicholson, Robert Redford, Vanessa Redgrave.

Tiger

Yang; festes Element: Holz
Chinesischer Name: Hu

Jahreszahlentabelle Tiger

8.2.1902 – 29.1.1903
26.1.1914 – 14.2.1915
13.2.1926 – 2.2.1927
31.1.1938 – 19.2.1939
17.2.1950 – 6.2.1951
5.2.1962 – 25.1.1963
23.1.1974 – 10.2.1975
9.2.1986 – 28.1.1987
28.1.1998 – 15.2.1999
14.2.2010 – 2.2.2011

Die Tiger-Persönlichkeit

Der Tiger gilt als ein Glückszeichen. In China schreibt man diesem königlichen Tier Macht und Kühnheit zu.

Daher der Glaube, der Tiger sei ein Zeichen des Schutzes, das Kraft verleiht. Die chinesischen Astrologen sagen jedoch auch, dass das Leben der Tiger-Geborenen sehr risikoreich sein kann. Der Tiger gilt als wagemutig, leichtsinnig und abenteuerlustig, was ihn manchmal in Gefahr bringen kann.

Der Tiger-Geborene sprüht vor Lebenslust. Er ist ständig in Aktion, und seine Energie scheint unerschöpflich.

Sein unerschütterlicher Optimismus bewahrt ihn davor, sich um materielle Dinge und ein gesichertes Leben kümmern zu müssen. Der Tiger sorgt sich wenig darum, Geld zu verdienen.

Trotzdem hat er meistens genug Geld und gibt es genauso großzügig wieder aus, um bald darauf wieder im Geld zu schwimmen. Man möchte nun glauben, dass er dafür hart arbeiten muss oder eine geniale Erfindung gemacht hat. Aber dem ist nicht so. Der Tiger hat ganz einfach Glück – und eine Menge Fans, die ihn immer gerne großzügig unterstützen.

Tiger sind leidenschaftlich, gefühlvoll und sehr menschlich. Logischen Argumenten gegenüber sind Tiger nicht so aufgeschlossen, dafür aber umso mehr Lob und Streicheleinheiten.

Das Leben des Tigers ist oft so chaotisch, dass ein anderer glatt Selbstmord begehen würde. Aber nicht so der Tiger, den Sodom und Gomorrha noch lange nicht aus der Fassung bringen können. Und wenn ihm eine Sache doch etwas zu heiß wird, rettet er sich mit einem eleganten Sprung und landet wieder sicher auf allen Vieren!

Obwohl man es nach all dem kaum glauben möchte, besitzen Tiger eine ausgesprochen treue Seele. Sie sind großzügig und haben einen ausgeprägten Gerechtigkeitssinn. Freiheit geht ihnen über alles, vor allem ihre eigene. Jeder, der versucht, sie einzuengen oder ihnen sogar Zwänge oder Regeln aufzuerlegen, lernt das Raubtier in ihnen kennen.

Der Tiger und sein Gefühlsleben

Es ist nicht schwer zu erraten, dass der Tiger sich nicht gerne an die Kette legen lässt. Sollten Sie es dennoch versuchen, werden Sie sehr bald feststellen, dass Sie an Ihrem faszinierenden König des Dschungels keinen besonderen Spaß mehr haben. Aber eines kann Sie beruhigen: Der Tiger ist von Natur sehr treu.

Tiger sind überaus gefühlvoll und großzügig. Darüber hinaus hassen sie jegliche Heuchelei. Was ein Tiger sagt, das meint er auch so. Daher wird er Sie auch nicht belügen.

Wenn Sie sich einen Tiger einfangen wollen, machen Sie sich rar. Tiger machen nicht gerne leichte Beute und lieben die Eroberung.

Ein Tiger kommt sein Leben lang nicht aus der Sturm-und-Drang-Zeit heraus. Wenn Sie sich also zu einem Tiger gesellen wollen, ist das Einzige, was absolut sicher ist, dass es Ihnen nie langweilig wird.

Der Weg zum Erfolg im Zeichen Tiger
Mit seiner Dynamik und seinem Optimismus scheut der Tiger kein Risiko. Er lässt sich auf die waghalsigsten Unternehmungen im blinden Vertrauen ein, dass ihm das Glück schon hold sein wird.

In einer Position, in der seine Freiheit eingeschränkt ist, wird man einen Tiger kaum finden und wenn, dann nicht sehr lange. Klarer Fall, dass er der Herrscher ist, und wer dies in Frage stellt, wird sehr bald eines Besseren belehrt werden.

Der Tiger ist ein Erfolgstyp. Aber er will im Alleingang zu Ruhm und Ehren gelangen und lehnt jede Einmischung in seine Angelegenheiten ab. Nur wenn er das Gefühl hat, es ganz alleine geschafft zu haben, empfindet er seinen Sieg als wahren Triumph.

Auch im Berufsleben braucht der Tiger Bewegung. Daher kann es passieren, dass er öfter eine neue Beschäftigung braucht, weil ihm die alte zu langweilig geworden ist.

Als Selfmade-Typ wird er wohl kaum beständig eine Stufe nach der anderen die Karriereleiter hinaufklettern. Er nimmt die ganze Leiter mit einem

Satz, und wenn ihm das nicht auf Anhieb gelingt, probiert er lieber gleich eine andere Leiter aus.

Berühmte Tiger-Persönlichkeiten
Prinzessin Anne, Königin Elisabeth II., Alec Guiness, Thor Heyerdahl, Marilyn Monroe, Elisabeth Kübler-Ross, Romy Schneider.

Katze

Yin; festes Element: Holz
Chinesischer Name: Tu

Jahreszahlentabelle Katze

29.1.1903	–	16.2.1904
14.2.1915	–	3.2.1916
2.2.1927	–	23.1.1928
19.2.1939	–	8.2.1949
6.2.1951	–	27.1.1952
25.1.1963	–	13.2.1964
11.2.1975	–	30.1.1976
29.1.1987	–	16.2.1988
16.2.1999	–	4.2.2000
3.2.2011	–	22.1.2012

Die Katze-Persönlichkeit
Allen Sprichwörtern zufolge hat die Katze sieben Leben. Ebenso herrscht in China der Glaube, dass das Tierkreiszeichen der Katze ein Symbol der Langlebigkeit ist. Die Katze gibt ein Bild vollendeter Grazie, Eleganz und Harmonie ab. Wie ihre Artgenossen aus dem Tierreich sind auch die menschlichen Vertreter dieses Zeichens ausge-

sprochen geschmeidig und gewandt. Sie verfügen über diplomatisches Geschick und vermeiden, wenn möglich, jeden Streit oder Konflikt.

Katzen sind eher vorsichtig und gehen der Gefahr aus dem Weg. Wenn man sie jedoch in die Enge treibt und ihnen kein anderer Ausweg bleibt, zeigen sie die Krallen und beweisen, dass sie doch eine entfernte Verwandschaft mit einem Raubtier haben.

Mit ihrer warmherzigen, feinfühligen und geselligen Art sind Katzen sehr beliebt als Gastgeber, Freund, Kollege und Partner. Sie glänzen gerne in einem kleinen, vertrauten Kreis, während sie draußen in der Welt eher zurückhaltend und vorsichtig sind.

Alles Unvorhergesehene ist einem Katze-Geborenen sehr verhasst. Ein unerwartetes Ereignis, auf das er sich nicht lange vorbereiten konnte, bringt ihn völlig aus dem Gleichgewicht.

Eine Katze erreicht ihre Ziele niemals dadurch, dass sie mit dem Kopf durch die Wand rennt. Im Gegenteil, sie setzt ihren Willen mit Takt und viel Geschick durch. Sie besitzt ein ausgeprägtes Fingerspitzengefühl für die Art, wie man mit anderen Menschen am besten verhandelt. Daher hat sie auch eine glückliche Hand für gute Geschäfte.

Katzen sind auf charmante und ganz bezaubernde Art raffiniert. Sie schaffen es, ihren ärgsten Feind so geschickt zu umgarnen und ihm so gekonnt zu schmeicheln, dass er glatt dahinschmilzt und ins feindliche Lager überwechselt.

Stress ist für die Katze ein Fremdwort, und wenn jemand versucht, sie anzutreiben, verkriecht sie sich erst einmal hinter dem Ofen, und niemand kann sie so schnell wieder hervorlocken. Katzen sind die geborenen Lebenskünstler.

Die Katze und ihr Gefühlsleben

Katzen sind verständnisvoll und feinfühlig. Wenn Sie jemandem Ihr Herz ausschütten wollen, sind Sie bei einer Katze am richtigen Platz. Wenn Sie aber jemanden brauchen, der Sie bis aufs Messer verteidigt oder sein letztes Hemd für Sie opfert, sollten Sie besser einen Tiger oder einen Hund aufsuchen. Einer Katze dürfen Sie nicht allzu sehr zur Last fallen. Das bringt sie aus der Ruhe!

Da Katzen sehr viel Liebe und Zärtlichkeit brauchen und darüber hinaus auch noch überaus intelligent sind, wissen sie genau, wie sie sich ihre Bedürfnisse erfüllen können. Sie umschmeicheln ihre Auserwählten so liebevoll, dass diese ihren Liebesbezeugungen nicht widerstehen können und meistens nachgeben.

Der Katze-Geborene braucht ein sicheres, warmes Nest, in dem er sich rundherum wohlfühlen kann. Wenn er es einmal gefunden hat, wird er es so schnell nicht wieder verlassen.

Der Weg zum Erfolg im Zeichen der Katze

Die Katze ist der geborene Diplomat, daher kommt sie gut mit anderen Menschen zurecht.

Auch das Rampenlicht tut ihren Augen weh, und sie macht nicht gerne viel Lärm um sich. Ihr Privatleben ist der Katze wesentlich wichtiger als beruflicher Erfolg.

Aber in manchen Situationen macht die Katze das Rennen, während einige Vertreter anderer Zeichen gar nicht bemerken, dass sie gerade dabei sind, von diesem harmlosen, stets freundlichen und zuvorkommenden Wesen elegant und charmant vor die Tür gesetzt zu werden.

Aus sicherer Distanz bewahrt sie den vollen Überblick, und ihren wachsamen Augen und Ohren entgeht nichts, was von Bedeutung ist.

Berühmte Katzen-Persönlichkeiten
Albert Einstein, Agatha Christie, Joachim Fuchsberger, Dieter Hildebrandt, Gina Lollobrigida, Karl May, Henry Miller, Roger Moore, Frank Sinatra, Tina Turner, Orson Welles.

Drache

Yang; festes Element: Holz
Chinesischer Name: Lung

Jahreszahlentabelle Drache

16.2.1904 – 4.2.1905
3.2.1916 – 23.1.1917
23.1.1928 – 10.2.1929
8.2.1940 – 27.1.1941
27.1.1952 – 14.2.1953

13.2.1964 – 2.2.1965
31.1.1976 – 17.2.1977
17.2.1988 – 5.2.1989
5.2.2000 – 23.1.2001
23.1.2012 – 9.2.2013

Die Drache-Persönlichkeit
Dieses Fabeltier sprüht vor Vitalität und Energie. Drachen sind faszinierend und erschöpfend zugleich. Was sie am meisten hassen, ist der fade Alltag mit seiner farblosen Routine. Daher tun sie alles, um ihr Leben möglichst chaotisch zu gestalten und überall Unordnung zu schaffen, um jeglicher Monotonie vorzubeugen.

In China gilt der Drache als das Symbol des Kaisers und der Macht.

Aber es gibt einen kleinen Trick, wie man sich bei einem Drachen Gehör verschaffen kann: Rühren Sie an sein großes Herz!

Wenn ein Drache kämpft, erscheint ein Vulkanausbruch im Vergleich dazu eher harmlos. Wie ein Feuersturm fegt er übers Land und hinterlässt eine Wüste, ohne mit der Wimper zu zucken.

Der Drache braucht eine Aufgabe, für die er seine überschüssige Kraft einsetzen kann, sonst steht er ständig unter Druck, und das bekommt ihm nicht besonders gut.

Auch in den größten Schwierigkeiten lässt sich ein Drache nicht unterkriegen. Er gibt sich niemals geschlagen, selbst wenn eine Sache noch so aussichtslos erscheint. Und kommen Sie ihm nicht mit Vernunft oder logischen Argumenten! Dann verrennt er sich nämlich nur noch mehr!

Der Drache und sein Gefühlsleben
Nach allem, was Sie bereits über den Drachen wissen, können Sie sich sein Gefühlsleben sicherlich lebhaft vorstellen. Der Drache besitzt ein riesengroßes Herz und ein feuriges Temperament. Wenn er liebt, dann mit Haut und Haaren und ohne lange Umschweife.

Wenn Sie von einem Drachen erobert worden sind, werden Sie sich als Auserwählter und obendrein als der glücklichste Mensch der Welt vorkommen! Drachen sind nämlich unwiderstehlich. An der Seite eines Drachen erstrahlt man selbst in seinem schönsten Licht. Sie fühlen sich in seiner Gegenwart einfach großartig.
Einen Drachen zu erobern, ist nicht einfach, denn er tut das sehr gerne selbst.

Der Weg zum Erfolg im Zeichen Drache
Wenn ein Drache die Erfolgsleiter erklimmt, bleibt dies nicht unbemerkt. Er nimmt sie im Sturm, wobei er kaum Notiz davon nimmt, wenn andere dabei auf der Strecke bleiben. Dort, wo alle anderen längst aufgegeben haben, wird es für den Drachen erst richtig interessant. Wenn Sie ihn zur Weißglut bringen oder gar hinausekeln wollen, langweilen Sie ihn mit Routinearbeiten oder bürokratischem Papierkram.

Was der Drache braucht, ist eine ihm angemessene Aufgabe. Er muss Pionierleistungen erbringen und als Erster den Mount Everest besteigen. Da ihm hier leider schon jemand zuvorgekommen ist und auch Kolumbus schon vor ihm in Amerika war, ist seine berufliche Laufbahn häufig recht kurvenreich. Der Drache muss experimentieren und oft mehrere Berufe ausüben.

Berühmte Drache-Persönlichkeiten
Salvador Dalí, Kirk Douglas, Faye Dunaway, Jean Gabin, John Lennon, Jeanne Moreau, Anthony Quinn, Gregory Peck, Ringo Starr.

Schlange

Yang; festes Element: Feuer
Chinesischer Name: Schi

Jahreszahlentabelle Schlange

4.2.1905 – 25.1.1906
23.1.1917 – 11.2.1918
10.2.1929 – 30.1.1930
27.1.1941 – 15.2.1942
14.2.1953 – 3.2.1954
21.2.1965 – 21.1.1966
18.2.1977 – 6.2.1978
6.2.1989 – 26.1.1990
24.1.2001 – 11.2.2002
10.2.2013 – 30.1.2014

Die Schlange-Persönlichkeit
In China gilt die Schlange als die Verkörperung der Weisheit. Und auch andere Vorurteile, die wir im Allgemeinen gegenüber ihren Vertretern aus

dem Tierreich haben, müssen wir korrigieren. Schlangen verfügen über magische Kräfte und übersinnliche Fähigkeiten. Mit ihrer ausgeprägten Intuition sind sie für andere Menschen daher oft rätselhaft und geheimnisvoll.
Schlange-Geborene sind ein Vorbild an Eleganz und Ästhetik.
Schlangen verstehen es, sich gut und teuer zu kleiden, und auch sonst ist alles, was sie besitzen, nur vom Feinsten. Wenn Sie einer Schlange eine Freude machen wollen, gehen Sie mit ihr in den besten Juwelierladen am Platz.

Der Schlange-Geborene verliert nicht einmal angesichts der größten Katastrophe die Nerven. Wie ein Fels in der Brandung bleibt er stets geistesgegenwärtig und meistert die Lage mit Bravour.

Die Schlange und ihr Gefühlsleben
Die Schlange erwartet bedingungslose Treue. In der Liebe kennt sie kaum Kompromisse. Wenn sie ein Opfer auserkoren hat, hypnotisiert sie es, was ihr mühelos gelingt. Danach verschlingt sie es mit Haut und Haaren. Wenn Sie nicht bereit sind, sich ganz und gar in Besitz nehmen zu lassen, sollten Sie versuchen, den Verführungskünsten einer Schlange nicht zu erliegen. Was für andere gilt, muss aber noch lange nicht für die Schlange gelten. Sie selbst nimmt es mit der Treue nicht allzu genau, und in Besitz nehmen lässt sie sich auch nicht so gerne. Sie hat ihre eigenen Vorstellungen von Treue.

Wenn Sie eine Schlange zum Partner haben, wird es Ihnen nicht an interessantem Gesprächsstoff mangeln. Schlangen sind ausgesprochen gute Unterhalter. Sie führen gerne tief schürfende, philosophische Gespräche.

Wenn eine Schlange glücklich und zufrieden ist, ist sie ein sehr umgänglicher Gefährte. Sie kann überaus verständnisvoll und tolerant sein.

Der Weg zum Erfolg im Zeichen Schlange
Schlangen haben kein besonderes Bedürfnis nach Erfolg. Was sie wollen, lässt sich auf einen einfachen Nenner bringen. Sie wollen so leben können, wie es ihnen gefällt. Dies heißt im Klartext: Eine Schlange möchte ein ruhiges und komfortables Leben führen und morgens nicht aus dem warmen Bett kriechen müssen.

Wenn sie nicht bereits als Millionär geboren wurden und daher zur Arbeit gezwungen sind – die ihnen gar nicht liegt – entwickeln daher auch Schlangen eine gesunde Portion Ehrgeiz und Zielstrebigkeit.

Sie besitzen genau die richtige Mischung von Charme, Kaltblütigkeit, Intelligenz, Einfühlungsvermögen und gutem Riecher, um ihre Chance wahrzunehmen, wenn sie gekommen ist und mit einem gezielten Biss zuzuschlagen.

Berühmte Schlange-Persönlichkeiten
Julie Christie, Bob Dylan, Aretha Franklin, Indira und Mahatma Gandhi, Greta Garbo, John F. Kennedy, König Ludwig II. von Bayern, Robert Mitchum, Pablo Picasso, Edgar Allan Poe, Jean Paul Sartre.

Pferd

Yang; festes Element: Feuer
Chinesischer Name: Ma

Jahreszahlentabelle Pferd

25.1.1906 – 13.2.1907
11.2.1918 – 1.2.1919
30.1.1930 – 17.2.1931
15.2.1942 – 5.2.1943
3.2.1954 – 25.1.1955
21.1.1966 – 9.2.1967
7.2.1978 – 27.1.1979
27.1.1990 – 14.2.1991
12.2.2002 – 31.1.2003
31.1.2014 – 18.2.2015

Die Pferd-Persönlichkeit

Kaum ein anderes Tierkreiszeichen ist so freiheitsliebend wie das Pferd. Es braucht viel Auslauf, und zwar sowohl geistig als auch gefühlsmäßig. Was den Pferden fehlt, ist Ausdauer und Stabilität. Dafür sind sie aber umso flexibler und wendiger. Sie können in jeder Situation sofort reagieren.

Was den Pferd-Geborenen Schwierigkeiten macht, sind ihre häufigen Stimmungsschwankungen. Sie leiden unter ihren Launen. Da sie von einem Extrem ins andere verfallen, ist ihr Gemütszustand nur selten ausgeglichen.

Es heißt, dass Pferde ziemlich egozentrisch seien. Das stimmt auch insofern, als sie gerne im

Mittelpunkt stehen und sich oft wie ein Kind im Trotzalter benehmen. Dabei sind sie nicht wirklich egoistisch. Sie wollen nur um jeden Preis das Gefühl haben, vollkommen frei zu sein, und das bedeutet eben, dass alles nach ihrer Pfeife tanzt. Außenstehende empfinden das Pferd daher als ziemlich rücksichtslos.

Doch wie jeder Mensch, hat auch der Pferd-Geborene seine Schokoladenseite. Er ist offen und macht keine langen Umschweife, sodass man immer weiß, woran man bei ihm ist. Darüber hinaus ist er sehr gesellig und ein ergebener Freund, mit dem man im wahrsten Sinne des Wortes „Pferde stehlen kann“.

Das Pferd und sein Gefühlsleben
Pferde sind sehr impulsiv und stürzen sich Hals über Kopf in jedes Abenteuer, das ihnen bei ihren weiten Ausritten in die Quere kommt. Sie fangen schnell Feuer, das aber oft nicht sehr lange brennt, weil sie keine Zeit haben, neues Holz aufzulegen. So schnell, wie sie auf Touren gekommen sind, verlieren sie auch wieder das Interesse.

Bei Pferden existiert die „Liebe auf den ersten Blick“ nicht nur in der Phantasie. Sie praktizieren sie ihr ganzes Leben lang, und zwar des Öfteren! Ein Pferd dürfen Sie unter keinen Umständen einsperren, wenn Sie verhindern wollen, dass es nach allen Seiten wild ausschlägt. Vielmehr müssen Sie viel Mut aufbringen, um bei seinen waghalsigen Ritten mithalten zu können. Und mithalten müssen Sie, denn ein Pferd möchte nicht alleine gelassen werden, wenn es verliebt ist.

Wenn Sie ihm eine große Freude machen können, schenken Sie ihm etwas, mit dem es noch schneller von einem Abenteuer zum nächsten galoppieren kann.

Der Weg zum Erfolg im Zeichen Pferd
Sie werden auf der ganzen Welt keinen einzigen Bürohengst finden. Wer diesen Begriff geprägt hat, hat auf jeden Fall überhaupt keine Ahnung von Pferden!

Das Pferd stürzt sich mit Begeisterung in neue Projekte. Aber es hat wenig Ausdauer. Wenn sich die Sache zu lange hinzieht, wird sie ihm schnell langweilig. Am liebsten sind Pferde immer unterwegs. Viele Reisen tragen sehr zu seiner Zufriedenheit bei. Wenn möglich, sollte es bei seiner Arbeit auch nicht ständig sitzen müssen. Auch Pferde können ehrgeizig sein, und zwar dann, wenn sie von einer Idee begeistert sind. Dann setzen sie alles daran, ihr Vorhaben auch in die Tat umzusetzen. Zur Erreichung eines Ziels ist ihnen dann kein Weg zu weit.

Berühmte Pferd-Persönlichkeiten
Sean Connery, Frédéric Chopin, Paul McCartney, Rita Hayworth, Jimi Hendrix, Barbra Streisand, Helmut Schmidt, Paul Simon, Armin Müller-Stahl, John Travolta.

Ziege

Yang; Festes Element: Feuer
Chinesischer Name: Yang

Jahreszahlentabelle Ziege

13.2.1907 –	2.2.1908
1.2.1919 –	20.2.1920
17.2.1931 –	6.2.1932
5.2.1943 –	25.1.1944
24.1.1955 –	12.2.1956
9.2.1967 –	29.1.1968
28.1.1979 –	15.2.1980
15.2.1991 –	3.2.1992
1.2.2003 –	21.1.2004
19.2.2015 –	7.2.2016

Die Ziege-Persönlichkeit
Die Ziege ist ein Träumer, der sehr viel Sinn für die schönen und angenehmen Dinge besitzt.
Ziegen leben lieber in einem Traumland als in der nüchternen Alltagswelt. Deshalb überlassen sie die täglichen Pflichten am liebsten anderen, denn es ist nicht so, dass sie von ihren Träumen auch satt werden. Darin liegt die Widersprüchlichkeit der Ziege. Sie verabscheut den grauen Alltag, ist aber auch kein weltfremder Asket.

Was die Ziege unbedingt braucht, ist ein Partner, der für sie sorgt und sie unterstützt. Dafür ist sie auch bereit, sich ihm weitgehend anzupassen. Er muss für den Lebensunterhalt sorgen, damit sie ihre Kreativität entfalten kann. Die Ziege dankt es ihm, indem sie ihn mit ihren phantasievollen Ideen unterhält.

Die Ziege-Geborenen sind verträgliche Menschen, die Streit und Aggression verabscheuen. Ziegen haben keinerlei Zeitgefühl. In den Dimensionen, in denen sie sich meistens aufhalten, gilt auch der allgemein gebräuchliche Kalender nicht. Sollten Sie mit einer Ziege einen festen Termin verabreden, halten Sie besser immer eine Alternative bereit.

Sonst kann es ihnen passieren, dass Sie Ihre wertvolle Zeit damit verschwenden, vergeblich auf die Ziege zu warten. Ihr Lebensrhythmus unterscheidet sich vollkommen von dem eines „normalen" Sterblichen.

Die Ziege und ihr Gefühlsleben

Ziegen sind Gefühlsmenschen, denen jegliche Logik fehlt. Sie urteilen nach Gefühl, sie handeln nach Gefühl und sie leben nach Gefühl. Ziegen sind treu, solange sie liebevoll gehegt und gepflegt werden. Aber in einer nüchternen Atmosphäre welken sie dahin und machen sich auf, um sich nach neuen Gefilden umzusehen. Dabei kommt ihnen ihre angeborene Neugier sehr zu Gute.

Wenn Sie sich eine Ziege ins Haus holen wollen, müssen Sie bereit sein, ihr alle Geldsorgen abzunehmen. Wenn Sie das tun, kann man Ihnen nur gratulieren! Die Ziege wird Farbe in Ihren grauen Alltag zaubern, dass Sie nur so staunen. Wenn sie versorgt ist, kommen ihre Talente nämlich voll zur Entfaltung.

Der Weg zum Erfolg im Zeichen Ziege

Im Falle einer Ziege muss man nur ein wenig kombinieren, um zu erraten, dass wir es hier nicht unbedingt mit einem Arbeitstier zu tun haben.

Ziegen sind nicht ehrgeizig, was den grauen Alltag anbelangt. Dieses Feld räumen sie lieber sofort und überlassen es denen, die sich hier erproben wollen. Die Ziege hat daran absolut kein Interesse.

Aber jetzt kommt das „große Aber". Wenn Sie das Talent einer Ziege entdecken und gerne die Rolle ihres Managers übernehmen und das „Mädchen für alles" spielen, dann entpuppt sie sich als einer der schillerndsten Schmetterlinge auf der ganzen Welt!

Berühmte Ziege-Persönlichkeiten
Isabelle Adjani, Simone de Beauvoir, Boris Becker, James Dean, Cathérine Deneuve, Annie Girardot, Janis Joplin, Laurence Olivier, Walter Scheel, Brooke Shields, John Wayne.

Affe

Yin; festes Element: Metall
Chinesischer Name: Hou

Jahreszahlentabelle Affe

2.2.1908	–	22.1.1909
20.2.1920	–	8.2.1921
6.2.1932	–	26.1.1933
25.1.1944	–	13.2.1945
12.2.1956	–	31.1.1957
29.1.1968	–	16.2.1969
16.2.1980	–	4.2.1981
4.2.1992	–	22.1.1993

22.1,2004 – 8.2.2005
8.2.2016 – 27.1.2017

Die Affe-Persönlichkeit
Affen sind die geborenen Komiker. Ihr größtes Vergnügen besteht darin, ihre Intelligenz dazu zu benutzen, anderen Menschen ein Schnippchen zu schlagen oder sie hinters Licht zu führen. Ein Affe kann sich zwar hochmütig geben, um Sie an der Nase herumzuführen – aber auch das ist wieder nur einer seiner kleinen Tricks! Nein, der Affe will sich einfach amüsieren, und das geht eben manchmal nur auf Kosten anderer.

Zu der vielseitigen Begabung des Affen gehört auch, dass ihm niemand lange böse sein kann, selbst wenn der Affe ihm kurz zuvor das Fell über die Ohren gezogen hat. Affen sind allseits beliebt. Da sie sehr gesellig sind, ist das natürlich sehr zu ihrem Vorteil. Affen sind treue Freunde, freundliche Nachbarn und sympathische Kollegen.

Darüber hinaus besitzt er Weitblick, weshalb er die Folgen seiner Handlungen gut abschätzen kann. Einem Affen das Wasser zu reichen ist nicht gerade leicht.

Der Affe und sein Gefühlsleben
Affen verlieben sich gerne und schnell, aber selbst die größte Liebe macht sie nicht blind. Sie bewahren immer einen kühlen Kopf und entdecken so schneller als andere die Fehler des Partners oder die Schwächen der Beziehung. Das macht es ihnen nicht gerade leicht, ein dauerhaftes Glück zu finden.

Wenn Sie ihn gerne öfter bei sich zu Hause haben wollen, schaffen Sie sich eine große Kinderschar an. Affen bleiben ihr ganzes Leben lang Kinder, weshalb sie am glücklichsten sind, wenn man sie mit Gleichgesinnten Streiche aushecken lässt!

Der Weg zum Erfolg im Zeichen Affe
Affen sind einfallsreich und gewitzt. Sie finden sehr schnell heraus, wo der wunde Punkt ihres Gegners ist oder wie man ihn mit seinen eigenen Waffen schlägt.

Wo so mancher andere Schwierigkeiten hat, was er mit seiner Zeit anfangen soll, ist der Affe ein wahres Genie. Affen können mindestens zehn Sachen gleichzeitig machen.

Affen brauchen viel Abwechslung. Aber da sie so unübertroffen einfallsreich sind, fällt ihnen immer wieder etwas Neues ein, um den grauen Alltag zu beleben. Wenn sich Routine einzuschleichen droht, stellen sie kurz den ganzen Laden auf den Kopf – und schon ist wieder etwas los.

Berühmte Affe-Persönlichkeiten
Jaqueline Bisset, Jill Clayburgh, Joan Crawford, Bette Davis, Federico Fellini, Mick Jagger, Herbert von Karajan, Reinhold Messner, Rod Stewart, Liz Taylor.

Hahn

Yang; festes Element: Metall
Chinesischer Name: Yi

Jahreszahlentabelle Hahn

22.1.1909	–	10.2.1910
8.2.1921	–	28.1.1922
26.1.1933	–	14.2.1934
13.2.1945	–	2.2.1946
31.1.1957	–	16.2.1958
17.2.1969	–	5.2.1970
5.2.1981	–	24.1.1982
23.1.1993	–	9.2.1994
9.2.2005	–	28.1.2006
28.1.2017	–	15.2.2018

Die Hahn-Persönlichkeit

Wenn der Hahn mit seinem prächtigen Gefieder hocherhobenen Hauptes durch die Menge stolziert, zieht er alle Blicke auf sich. Er liebt es, im Mittelpunkt zu stehen, und auch privat will er immer der „Hahn im Korb“ sein. Aber das ist nur die eine Seite der Medaille. Hähne sind zudem aufrichtig und ehrlich.

Wer im Zeichen des Hahns geboren ist, hat eine glückliche Hand im Umgang mit Geld. Wenn Sie zu den Unglücklichen gehören, bei denen sich der Gerichtsvollzieher schon ganz wie zu Hause fühlt, holen Sie sich einen Hahn zu Hilfe. Er wird die Sache wieder in Ordnung bringen, aber nicht nur das: Sie bekommen noch eine Strafpredigt gratis dazu!

Der Hahn und sein Gefühlsleben

Hähne brauchen die Bewunderung wie die Luft zum Atmen. Darüber hinaus sind sie aber auch sehr verantwortungsbewusst. Sie kennen ihre partnerschaftlichen Pflichten und füllen sie gewissenhaft aus.

Mit der Treue nehmen sie es nicht so genau. Oft reicht die Bewunderung eines Einzelnen nicht aus, um sie zufrieden zu stellen. So mancher Gockel hält sich daher einen Harem in Reserve.

Dennoch sind Hähne umgekehrt sehr eifersüchtig. Jeden Rivalen schlagen sie in die Flucht. Hähne sind sehr gesprächig und reden viel und gern.

Wenn Sie sich einen Hahn ins Haus holen wollen, sparen Sie nicht mit Komplimenten. Wenn Sie bereits einen Hahn im Haus haben, machen Sie ihm ab und zu eine kleine Szene. Das schmeichelt ihm.

Der Weg zum Erfolg im Zeichen Hahn
Wenn ein Hahn nicht im Rampenlicht stehen und sein Talent im Show-Business entfalten kann, verdient er sich in allen Berufen seine Lorbeeren, in denen er sich als Finanzgenie betätigen kann.

Hähne sind gewissenhaft und vernünftig. Von riskanten Unternehmungen lassen sie von vornherein die Finger, denn dazu fehlt ihnen der nötige Optimismus und die Phantasie. Sie schlagen lieber den sicheren Weg zum Erfolg ein und kommen mit Ausdauer und Methode an die Spitze.

Hähne liefern immer Präzisionsarbeit. Sie erledigen ihre Pflichten mit peinlicher Genauigkeit und Sorgfalt.

Berühmte Hahn-Persönlichkeiten
Jean Paul Belmondo, Prinzessin Caroline von Monaco, Joan Collins, Katherine Hepburn, Elton John, Simone Signoret, Peter Townsend, Peter Ustinov.

Hund

Yin; festes Element: Metall
Chinesischer Name: Gou

Jahreszahlentabelle Hund

10.2.1910 – 30.1.1911
28.1.1922 – 16.2.1923
14.2.1934 – 4.2.1935
2.2.1946 – 22.1.1947
16.2.1958 – 8.2.1959
6.2.1970 – 26.1.1971
25.1.1982 – 12.2.1983
10.2.1994 – 30.1.1995
29.1.2006 – 17.2.2007
16.2.2018 – 4.2.2019

Die Hund-Persönlichkleit
So beliebt Hunde bei ihren Mitmenschen auch sein mögen, sind sie doch selten zufrieden, weil sie ihren angeborenen Hang zum Pessimismus niemals ganz in den Griff bekommen.

Hunde leiden sehr unter ihrer Unruhe. Deshalb brauchen sie viel Sicherheit und Geborgenheit. Hunde verfügen über eine fast unfehlbare Menschenkenntnis, daher kann man ihnen nicht viel vormachen. Wenn der Hund sie aber einmal als seinen Freund auserkoren hat, weicht er Ihnen nicht mehr von der Seite, und Sie werden jeden Tag wieder dankbar sein, dass Sie behaupten können, einen wahren Freund fürs Leben gefunden zu haben.

Der tiefgründige Hund ist nicht nur ein Menschenfreund, vielmehr übernimmt er auch mit Vorliebe eine humanitäre Aufgabe. Darin kann er vollkommen aufgehen und sogar seine eigenen Sorgen vergessen!

Der Hund und sein Gefühlsleben
Der Hund unterscheidet im Umgang mit Menschen nur zwischen Freund und Feind. Er wittert sofort, wer einen guten und wer einen schlechten Charakter hat, und daran orientiert er sich auch. Obwohl er nach außen hin tolerant ist, wird er sich mit niemandem näher einlassen, der seiner feinen Nase nicht so ganz gefällt. Wenn er enttäuscht wird, vergisst er das ein Leben lang nicht. Hunde besitzen nämlich ein ausgezeichnetes Gedächtnis und darüber hinaus sind sie sehr empfindlich und verletzbar.

Ein Hund ist warmherzig und liebevoll. Er gibt es Ihnen unmissverständlich und ohne große Umschweife zu verstehen. Der Hund ist die Treue in Person.

Der Weg zum Erfolg im Zeichen Hund
Wie Sie sehen werden, gibt es sehr viele prominente Hunde und das, obwohl der Hund sehr selbstlos ist. Selbst wenn er eine Führungsposi-

tion einnimmt, verhält er sich immer human, fair und großzügig. Vielleicht ist das sein Trumpf im Ärmel, der ihn so erfolgreich macht.

Hunde müssen an eine Sache glauben, dann machen sie sie zu ihrer Lebensaufgabe. Wenn Hunde diese gefunden haben, beweisen sie, zu welchen Opfern sie fähig sind und welch ein heldenmütiges und großes Herz sie besitzen.

Der Hund-Geborene kämpft für die Gerechtigkeit. Wenn man ihn selbst oder jemanden, der ihm sympathisch ist, betrügt oder mit unfairen Mitteln übers Ohr haut, wird er wild.

Berühmte Hund-Persönlichkeiten
Brigitte Bardot, David Bowie, Charles Bronson, Rainer W. Fassbinder, Ava Gardner, Judy Garland, Michael Jackson, Sophia Loren, Shirley MacLaine, Inge Meysel, Liza Minelli, Donald Sutherland, Sylvester Stallone, Mutter Teresa.

Schwein

Yin; festes Element: Wasser
Chinesischer Name: Ju

Jahreszahlentabelle Schwein

30.1.1911 – 18.2.1912
16.2.1923 – 5.2.1924
4.2.1935 – 24.1.1936
22.1.1947 – 10.2.1948
8.2.1959 – 28.1.1960

27.1.1971 – 14.2.1972
13.2.1983 – 1.2.1984
31.1.1995 – 18.2.1996
18.2.2007 – 6.2.2008
5.2.2019 – 24.1.2020

Die Schwein-Persönlichkeit
Das Schwein gilt als das ehrlichste und gewissenhafteste Zeichen in der chinesischen Astrologie. Man könnte es geradezu als „Wahrheitsfanatiker" bezeichnen. Da es darüber hinaus noch sehr gutmütig ist und nur an das Gute im Menschen glaubt, lässt es sich manchmal ganz schön an der Nase herumführen.

Schweine sind, ganz anders als der Ruf, der ihnen im Tierreich vorauseilt, Luxusgeschöpfe. Sie genießen das Leben mit all seinen sinnlichen Genüssen, in denen sie so richtig schwelgen können.
Da sie sehr gesellig und großzügig sind, lassen sie andere gerne daran teilhaben. Obwohl man Schweine oft ein wenig antreiben muss, können sie sehr aktiv werden. Das Schwein ist immer die gute Seele, die sich stets eifrig bemüht, alles zur vollsten Zufriedenheit zu erledigen und sich allseits nützlich zu machen.

Wenn es ums Geld geht, sind Schweine viel zu weichherzig. Es lässt sich von so manchem Schmarotzer ausnehmen wie eine Weihnachtsgans, wenn es nicht auf der Hut ist.

Das Schwein und sein Gefühlsleben
Schweine sind sinnlich und leidenschaftlich, und sie lieben das Leben.

Daher setzen sie ihre Träume immer in die Realität um. Voller Lebensfreude genießt ein Schwein alles, was ihm die Liebe zu bieten hat – und das ist eine ganze Menge.

Das Schwein ist von einer ganzen Schar von Bewunderern umgeben und tut sich oft schwer damit, aus ihnen den einen auszuwählen, mit dem es die Überfülle seines Lebens teilen möchte.

Wenn es ihn oder sie aber gefunden hat, ist es treu und absolut ehrlich. Dieselbe Zuverlässigkeit und Aufrichtigkeit erwartet es auch von seinem Partner.

Ein Schwein ist sehr sensibel und anhänglich. Ab und zu liebt es aber auch das Alleinsein und erwartet, dass man ihm für eine Weile seine Ruhe lässt.

Wenn Sie sich ein Schwein angeln wollen, sollten Sie immer eine kleine Aufmerksamkeit mitbringen. Ebenso ratsam ist es, seinen Geburtstag nicht zu vergessen, denn es ist zutiefst gerührt, wenn Sie daran denken. Und was bei einem Schwein immer wirkt: Laden Sie es in ein erstklassiges Restaurant zu einem erlesenen Diner mit mindestens fünf Gängen ein!

Der Weg zum Erfolg im Zeichen Schwein
Schweine interessieren sich nicht so sehr für den Erfolg, aber dafür umso mehr für den Wohlstand. Das Schwein ist kein Speichellecker, das verstößt gegen seine Würde. Es geht auch nicht über Leichen, dafür ist es viel zu loyal und human. Es

schuftet auch nicht für zwei, dafür liegt es zu gerne faul am Swimming-Pool. Wie also kommt unser Schwein zu Ruhm und Ehren?

Nun, man muss ihm manchmal einen recht unsanften Schubs geben, damit es sich auf die Hinterbeine stellt. Für andere hat es oft den Anschein, als müsse ein Schwein nur den kleinen Finger rühren, um die Quellen zum Sprudeln zu bringen. Wo andere die Karriereleiter hinaufhetzen, bleibt unser Schwein gelassen und erntet doch in Hülle und Fülle.

Berühmte Schwein-Persönlichkeiten
Woody Allen, Fred Astaire, Humphrey Bogart, Maria Callas, Jacques Cousteau, Alain Delon, Alfred Hitchcock, Vicco von Bülow (Loriot), Rainier von Monaco, Albert Schweitzer.